Franz Sabo
«Ich wehre mich»

FRANZ
SABO

«Ich wehre mich»

dpunkto verlag

Inhaltsverzeichnis

*«Über dem Papst als Ausdruck für den bindenden
Anspruch der kirchlichen Autorität steht noch das
eigene Gewissen, dem zuallererst zu gehorchen ist,
notfalls auch gegen die Forderung der kirchlichen
Autorität.»*

Josef Ratzinger, 1968

Vorwort

Vordergründig ist es eine Auseinandersetzung zwischen einer Kirchgemeinde, die sich nicht nur als Befehlsempfänger versteht, und der kirchlichen Obrigkeit, die ihre Normen, aber auch ihre Macht durchzusetzen versucht. Hintergründig geht es aber um viel Grundsätzlicheres, nämlich um die Frage, wer nicht nur das Recht, sondern auch die Einsicht und Gabe hat, im Namen Gottes zu reden und zu handeln. Einer Religionsgemeinschaft, die ihre Autorität auf Rechtsnormen abstützen muss, fehlt in einer aufgeklärten Gesellschaft mit mündigen Bürgern die notwendige Legitimation. Die Kluft zwischen dem Beispiel Jesus, der aus Nächstenliebe, Barmherzigkeit und Mitgefühl Normen bricht und sich auflehnt gegen die Heuchelei mit allen Konsequenzen, und einem Machtapparat, der in einer Zeit der Demokratien und der Emanzipation Unterwerfung verlangt unter ein absolutistisches Regime mit Meinungszentralismus und Glaubensmonopol, ja diese Kluft könnte nicht grösser sein. Das kirchliche Konzept des Stellvertretertums würde vielleicht mit ausschliesslich Heiligen funktionieren. Doch da Macht und Kalkül im Spiele ist, entmündigt die Hierarchie mit dem Stellvertretertum letztlich nicht nur die Schafe, sondern auch die Hirten. In einer Zeit des beschleunigten Wandels mit kulturellen und religiösen Gegensätzen ist Meinungsvielfalt eine Realität. In einem solchen Umfeld starre Normen zu vertreten, führt unweigerlich zu Konflikten in und zwischen den Menschen, letztlich sogar zu Krieg. Die strenge Hierarchie der Entmündigten schafft zwar eine vermeintliche Einheit, verunmöglicht aber den Wandel. Mit dem Konzept des Stellvertreters Christi und den Bischöfen als dessen Stellvertreter und den Priestern als den Stellvertretern der Stellvertreter ist die römisch-katholische Kirche in eine Sackgasse geraten, auch wenn sie gekonnt Events mediengerecht inszenieren kann. Die Kluft zwischen einer streng hierarchischen Ordnung - basierend auf dem Gottesgnadentum - und einer demokratischen Gesellschaft, die Meinungs-, Glaubens- und Gewissensfreiheit postuliert, ist unübersehbar. Steine des Anstosses bilden in der Kirche jedoch oft nur einzelne Themen, wie z.B. gleiche Rechte für Mann und Frau. Doch Freiheit, Gleichheit und Brüderlichkeit waren die Forderungen der Französischen Revolution im Kampf gegen den Absolutismus. Damit verbunden ist weit mehr, nämlich z.B. die Nichteinmischung der Obrigkeit in das Privatleben, die Forderung, dass alle Bürgerinnen und Bürger vor dem Gesetze gleich sind, sich auf gleicher Augenhöhe begegnen und demzufolge auch dasselbe Stimmrecht besitzen. Solche Rechte sind im Abendland Teil der Menschenwürde geworden, die es gegen aussen zu verteidigen gilt.

Wie lässt sich unter diesen Umständen ein römischer Absolutismus überhaupt noch rechtfertigen? Oder steht doch über aller Autorität das Gewissen, wie Josef Ratzinger meint? Warum eigentlich nur das plagende Gewissen und nicht auch die Gewissheit - im Gefühl, das Richtige zu tun.

Es wäre wohl nicht nur klüger, sondern auch sinnvoller, die Kirche würde sich vermehrt mit dem befassen, was sich nicht oder nur andeutungsweise begrifflich festhalten lässt, nämlich mit dem eigentlich Religiösen, und die Menschen würden die frohe Botschaft wieder mehr als Befreiung denn als Einschränkung erleben. Es ist eigentlich ganz einfach: weniger Normen und Formen, die trennen, dann sieht man wieder das Licht, das uns alle verbindet, bewegt und berührt, das Licht, das übrigens in den Schafen genauso leuchtet wie in den Hirten.

Fritz Ganser, Dr. phil.

Widmung

Ich widme dieses Büchlein den Röschenzern und ihrem Kirchenrat. Sie haben Einzigartiges geleistet. Meines Wissens hat sich in unseren Breiten noch nie eine Kirchgemeinde in solch einer Geschlossenheit dem Machtapparat der röm.-kath. Kirche widersetzt.

Ich widme es all den «guten Geistern» und Engeln, die wirksam und in unserer Kirche für mich spürbar sind.

Und ich widme es meiner geliebten Grossmutter, die mich gelehrt hat, für Gerechtigkeit einzutreten und zu sich zu stehen.

I. Vox populi vox dei –
Volkes Stimme (ist) Gottes Stimme

1. Einleitung

Vorweg möchte ich klar stellen: Ich bleibe deshalb in dieser Kirche, weil ich meinen Beitrag dazu leisten will, dass die röm.-kath. Kirche wieder katholisch wird.

Denn es war das Papsttum, das aus der ursprünglich katholischen Kirche eine röm.-kath. Kirche gemacht hat und eine anfänglich synodal strukturierte Kirche in eine absolutistische Organisation umwandelte.

Sollte Jesus überhaupt eine Kirche gewollt haben – was äusserst fraglich ist – dann sicher keine «römische», sondern eine «katholische» Kirche. «Katholisch» bedeutet «allgemein» und «alle betreffend». Damit bezeichnet die frühe Kirche die Gesamtkirche.

Die lateinische Sentenz «vox populi vox dei» bedeutet: «Volkes Stimme (ist) Gottes Stimme». Sie erscheint in einem Brief des französischen Theologen Petrus von Blois (1135-1204), in dem er die Geistlichkeit daran erinnert, wie wichtig das Urteil der Gemeinde über sie ist.

Von Martin Luther stammt das Wort:

«Man soll den Mächtigen mutig mit dem Zeugnis der Wahrheit entgegentreten.»

Es gibt auch eine Wahrheit der Barmherzigkeit. Sie zeigt sich nicht in den frommen Sprüchen kirchlicher Verlautbarungen oder in dem, was einzelne Bischöfe auf höchst intellektueller Ebene bewegt, sondern im Handeln. Einerseits mit schönen Worten von der Liebe zu reden und über sie zu schreiben (vgl. die erste Enzyklika Benedikts XVI.), andererseits aber äusserst fragwürdig mit den Menschenrechten im eigenen Haus umzugehen (Diskriminierung der Frauen, der Homosexuellen, der Geschiedenen…), oder massgeblich für Krankheit (Aids) und den Tod Hunderttausender mitverantwortlich zu sein, durch ein striktes Verbot von Kondomen – das passt nicht zusammen, und die Menschen spüren das.

Als am 15. Juli 2003 in der Basler Zeitung ein Interview mit dem Bischof von Basel, Kurt Koch, erschien, war für mich der Moment gekommen, zu protestieren. Zunächst einmal gegen die bischöfliche Arroganz des hiesigen Stabträgers, aber auch gegen einen kirchlichen Machtapparat und dessen über Jahrhunderte hinweg tradierten Starrsinn, der endgelagert zu sein scheint, hinter den Mauern des Vatikans und so mancher bischöflichen Trutzburg.

«Man soll den Mächtigen mutig mit dem Zeugnis der Wahrheit entgegentreten!»

So habe ich all meinen Mut zusammengenommen, und schrieb eine Antwort auf das Interview der Basler Zeitung mit Bischof Koch…

2. Interview von Thomas Gubler mit Bischof Kurt Koch in der Basler Zeitung vom 15. Juli 2003

Bischof Koch: «Ich muss vor allem glaubwürdig bleiben.»

Der Bischof von Basel hat die bisher bestehende Praxis, wonach ehemalige Priester als Gemeindeleiter tätig sein können, überraschend beendet. Wer sich glaubwürdig für neue Zugänge zum Priestertum einsetzen wolle, könne keine unzulässigen Praktiken in seinem Bistum dulden, erklärte Diözesanbischof Kurt Koch im Interview mit der BaZ.

BaZ: Herr Bischof Koch, Sie haben im Frühling für Aufsehen und Irritation gesorgt, als Sie den Jahrzehnte alten Beschluss von Bischof Anton Hänggi aufhoben, gemäss dem ehemalige Priester die Funktion eines Gemeindeleiters ausüben konnten. War diese Massnahme nötig?

Bischof Kurt Koch: Es gab und gibt – allen gegenteiligen Behauptungen zum Trotz – gar keinen solchen Beschluss und schon gar nicht von Bischof Anton Hänggi. Die Praxis, dass dispensierte Priester auch als Gemeindeleiter eingesetzt werden, ist pragmatisch unter Bischof Otto Wüst eingeführt worden. Doch Bischof Otto Wüst hat immer darunter gelitten, dass er das zugelassen hat. Insofern ist also kein Beschluss aufgehoben worden. Es wurde lediglich etwas, das sich pragmatisch eingestellt hat, grundsätzlich überdacht. Und dabei habe ich entschieden, dass es so nicht weitergeht.

Aber war das nötig?

Ja, und zwar hauptsächlich um meiner eigenen Glaubwürdigkeit willen. Denn ich kann mich in der Universalkirche nicht glaubwürdig für einen veränderten Zugang zum Priestertum einsetzen, wenn ich eine solch zweideutige Praxis in meinem eigenen Bistum dulde.

Was hat Sie an dieser Praxis so gestört?

Auch dispensierte Priester bleiben nach katholischer Auffassung Priester, die jedoch ihre Tätigkeiten nicht mehr ausüben. Bei der genannten Praxis aber kommen sie ausserordentlicherweise wieder in eine Aufgabe hinein, die sie vorher auf ordentliche Weise als Pfarrer erfüllt haben. Und wenn ich ihnen noch die ausserordentliche Taufvollmacht geben muss, ist die Schmerzgrenze erreicht. Wir geraten so in eine sehr zwiespältige Situation. Entsprechend sah ich mich veranlasst, für mehr Klarheit zu sorgen in einer Zeit, in der ohnehin sehr diffuse Vorstellungen darüber vorhanden sind, was ein Priester ist.

Sie haben diesbezüglich auch schon von einem Spannungsverhältnis zwischen Priestern und Laientheologen gesprochen. Inwiefern besteht ein solches?

Ich habe nicht von einem Spannungsverhältnis zwischen Priestern und Laientheologen gesprochen, sondern von einem strukturellen Spannungsverhältnis, in welches ein Laientheologe hineingerät, wenn er Aufgaben übernimmt, die eigentlich an die Ordination gebunden sind, er selber aber nicht Priester ist. Das beschäftigt mich in diesem Zusammenhang – und nicht nur Spannungen, die primär die zwischenmenschliche Ebene betreffen.

Die Beendigung dieser Praxis wurde weder nach innen noch nach aussen kommuniziert. Es fielen dann auch auf beiden Seiten böse Worte. Sie selbst haben einem Gemeindeleiter Erpressung vorgeworfen. Muss man unter diesen Umständen nicht von einer bischöflichen Informationspanne sprechen?

Nein. Ich habe versucht, diese Entscheidung möglichst transparent zu machen. Ich habe sie mit den Weihbischöfen und dem Bischofsrat besprochen, ich habe sie den Regionaldekanen mitgeteilt und diese gebeten, die Betroffenen dirckt und persönlich über den Beschluss zu informieren, damit sie es nicht über andere Kanäle erfahren. An die Öffentlichkeit wollte ich allerdings aus zwei Gründen nicht treten: Zum einen sah ich keine Notwendigkeit dafür, weil es ja wie gesagt nicht um die Aufhebung oder Rückgängigmachung eines gefassten Beschlusses ging, sondern um die Korrektur einer Praxis. Zweitens wusste ich, wie Bischof Otto Wüst unter dieser Situation bis zu seinem Tode gelitten hatte, weil er die Kraft nicht mehr hatte, diese zu ändern. Dass mich dann ausgerechnet ein dispensierter Priester, der von seinem Regionaldekan informiert worden war, erpresst hat, ich müsse darüber öffentlich informieren, sonst würde er es selber tun, ist eine sehr traurige Sache. Es gibt in jedem Betrieb Entscheidungen, die nur intern kommuniziert werden. Die Kirche ist da keine Ausnahme.

Glauben Sie, dass dieser Gewissenskonflikt ihres Vorvorgängers Otto Wüst, der für Sie offenbar mit ausschlaggebend gewesen war, für die Gläubigen in einer Gemeinde tatsächlich relevant ist? Diese interessiert doch in erster Linie, ob sie einen Gemeindeleiter haben oder nicht.

Zunächst einmal darf man die Sache auch nicht dramatisieren. Diese dispensierten Priester werden damit ja nicht einfach aus der pastoralen Tätigkeit entfernt. Sie sind nach wie vor einsetzbar, nur inskünftig nicht mehr in der Funktion als Gemeindeleiter. Dass die Praxisänderung aber den Leuten in den Pfarreien nicht unmittelbar einleuchtet, kann ich nachvollziehen. Aber wenn die Leute in den Gemeinden von mir erwarten, dass ich ihr Gewissen und ihre Situation ernst nehme, dann erwarte ich dasselbe auch von ihnen. Und meine Situation ist nun mal eine andere. Ich kann nicht nur auf die einzelne Pfarrei, ich muss auf das ganze Bistum mit 530 Pfarreien und auf die universale Weltkirche schauen. Und da hatte ich die klare Botschaft, nicht von Rom, sondern von anderen Ortsbischöfen: Was macht ihr da eigentlich? Es gab Bischöfe, die mir gesagt haben: Wie kannst du dich glaubhaft für die Weihe von Viri probati (bewährte verheiratete Männer. Anm. d. Red.) einsetzen, wenn du eine solche Praxis duldest?

Worin besteht der Zusammenhang zwischen der Aufhebung dieser Praxis und der Weihe von Viri probati?

Einen unmittelbaren Zusammenhang in diesem Sinne, dass das eine möglich wird, wenn das andere abgeschafft wird, gibt es natürlich nicht. Aber es gibt insofern einen Zusammenhang, als ich glaubwürdig dastehen muss, wenn ich mich für veränderte Zugangswege zum Priesteramt einsetzen will.

Können Sie sich denn eine solche Massnahme überhaupt leisten? Es stehen dem Bistum immer weniger Priester zur Verfügung? Wer soll deren Aufgaben inskünftig wahrnehmen, wenn nicht Gemeindeleiter?

Die Fragen sind viel grundlegender. Wir können nicht immer nur vom Priestermangel, wir müssen auch einmal vom Gläubigenmangel reden. Denn auch die Zahl der Gläubigen ist massiv zurückgegangen. Wenn ich die Gläubigenzahlen vor zwanzig Jahren und die Priesterzahlen zu jener Zeit mit den jeweiligen Zahlen von heute vergleiche, dann ist das Verhältnis heute nicht sehr viel schlechter. Wir können aber nicht davon ausgehen, dass wir immer weniger Gläubige haben – gerade in Basel-Stadt ist die Zahl in dieser Zeitspanne von 99 000 auf 36 000 gesunken – aber immer gleich viele Priester.

Aber ist nicht gerade die Situation in Basel mit der öffentlich-rechtlichen Anerkennung und der Einführung der Kirchensteuerpflicht vielleicht etwas speziell und daher höchstens teilweise repräsentativ für das Bistum? Haben wir es nicht eher mit einer Art Abwärtsspirale zu tun: Weniger Priester führen zu weniger Gläubigen, und weniger Gläubige führen zu noch weniger Priestern?

Ich glaube schon, dass es in Basel sehr spezifische Gründe für den Rückgang gibt. Ich sehe sie nur nicht in der öffentlich-rechtlichen Anerkennung. Allenfalls wäre ein Vergleich mit Zürich aufschlussreich. Allerdings kann ich die Ursachen auch nicht genau eruieren. Möglicherweise liegt ein Grund in der hohen Mobilität.

Wohin führt letztlich eine Entwicklung wie diejenige im Bistum Basel, wo auf zwanzig jährlich altershalber ausscheidende Priester nur vier neu geweihte kommen?

Sie führt dazu, dass wir inskünftig noch stärker über die Pfarreigrenzen hinaus zusammenarbeiten müssen. Was eine Pfarrei ist, darf nicht tabu sein. Die kleinste Pfarrei im Bistum hat noch etwa 30 Mitglieder. Soll das noch eine Pfarrei sein, soll die noch Anspruch auf einen Pfarrer haben? Da müssen schon Überlegungen über Formen der Zusammenarbeit angestellt werden. Gerade in Basel hat man ja mit dem neuen Pastoralkonzept erste Gehversuche beim Zusammenarbeiten und Zusammenlegen von Pfarreien gemacht. Und ich halte diese für vorbildlich. Wie gesagt, man darf nicht immer nur isoliert die Priesterzahlen betrachten.

Und dennoch kommen Sie bei diesen Zahlen irgendwann an eine Grenze, wo Sie sagen müssen, so kann es nicht weitergehen. Es muss etwas geschehen. Aber was soll geschehen?

Zweierlei. Erstens ist jede Ortskirche verpflichtet, selber für Nachwuchs zu sorgen. Und da glaube ich eben nicht, dass in der so genannten Berufungspastoral all das geschieht, was geschehen müsste, um Berufungen zu fördern. Das ist die eine Seite. Die andere ist die Suche nach neuen Zugangswegen zum Priesteramt. Aber diesen zweiten Weg kann ich nur glaubwürdig beschreiten, wenn wir gleichzeitig all das tun, was wir tun sollten bei der Förderung und dem Mittragen von Berufungen. Und da haben die Pfarreien eine grosse Verantwortung. Wenn ich in den Pfarreien bin, heisst es nicht selten: Wann bekommen wir wieder einen Pfarrer? Und dann muss ich ehrlicherweise zurückfragen: Wann haben Sie dem Bistum zuletzt einen Priester gegeben? Es kann nicht Sache des Bischofs alleine sein, für genügend Priester zu sorgen. Das ist auch Sache der Gemeinden und letztlich jedes Gläubigen.

Spielen Sie also auf die Schaffung der Voraussetzungen an, wenn Sie mitunter etwas provokativ den Priestermangel nicht primär als numerisches oder quantitatives Problem bezeichnen?

Ja. Denn weltweit sind die Priesterzahlen im Steigen, nur in Westeuropa nicht. Da müssen doch Rückfragen zumindest erlaubt sein.

Sie haben in einem mit dem Basler Pro-Dekan Xaver Pfister in der «Schweizerischen Kirchenzeitung» geführten Disput geschrieben: «Natürlich habe ich zunächst für die gesunde Lehre im Bistum Basel zu sorgen, und da habe ich gewiss nicht wenig zu tun.» Das tönt nach Durchgreifen?

Nein, das tönt eigentlich nur an, was mein grundlegendes Anliegen ist, nämlich im Umgang mit meinen Mitarbeiterinnen und Mitarbeitern die gesunde Lehre in den Mittelpunkt zu stellen, diese immer wieder ins Bewusstsein zu bringen. Darüber, was die gesunde Glaubenslehre unserer Kirche ist, herrscht bei den Gläubigen eine grosse Verwirrung. Und letztlich besteht die Hauptaufgabe des Diözesanbischofs nun mal darin, den Glauben zu verkünden und zu schützen.

Welcher Art ist diese Verwirrung und was heisst «gesunde Lehre»?

Unter gesunder Lehre verstehe ich das, was unsere Glaubenstradition ausmacht und vor allem das, was das Zweite Vatikanische Konzil über den Glauben für unsere Zeit festgehalten hat.

Und da glauben Sie, dass diesbezüglich im Bistum Basel ein Malaise herrscht?

Ich stelle einfach immer wieder fest, wie widersprüchlich oder willkürlich man sich auf das Zweite Vaticanum beruft. Da werden Aussagen des Papstes in Enzykliken oder Aussagen der Glaubenskongregation attackiert und für vorkonziliär erklärt, die wortwörtlich auf das Konzil zurückgehen. Offenbar besteht ein relativ grosser Auf- und Nachholbedarf bei der Rezeption des Zweiten Vatikanischen Konzils. Entsprechend fordere ich auch immer wieder dazu auf, die Texte des Konzils zu lesen, auch Enzykliken zu lesen und nicht nur den Zeitungen zu glauben. Und selbst versuche ich überall, wo ich kann, darüber zu reden und, wenn es die Zeit erlaubt, darüber zu schreiben.

Und in welcher Hinsicht stellen Sie bei den Gläubigen eine Verwirrung fest?

Es gibt meines Erachtens keine Klarheit mehr über die Eucharistie und das priesterliche Amt. So können mir etwa dieselben Leute sagen, man solle das Priestertum abschaffen, es brauche keine so genannte «Zwei-Stände-Kirche», und im gleichen Atemzug, man müsse endlich das Priestertum den Frauen zugänglich machen. Das sind Widersprüche, die ich nicht verstehe. Man kann ja nicht ein Amt, das man abschaffen sollte, auch für die Frauen reklamieren. Psychologisch – aus einer gewissen Sorge um den Priesternachwuchs – kann man das vielleicht nachvollziehen. Für einen Diözesanbischof, der sich in der Universalkirche für Veränderungen einsetzt, sind solche Widersprüche gewiss nicht hilfreich.

Sie galten früher als fortschrittlicher, wenn nicht sogar aufmüpfiger Theologieprofessor. Als Bischof ist Ihnen dieser Ruf etwas abhanden gekommen? Hat das Bischofsamt Sie verändert?

Nun, ich muss auch mit dem andern Vorwurf leben, der lautet: Er war Professor und ist es immer noch. Sehen Sie, es gibt eben so ein bisschen die Tendenz, einen bei der Wahl zum Bischof zum Hoffnungsträger zu erklären, und zwar in der Richtung, die man sich gerade wünscht. Ist der Bischof dann nicht so, dann bleibt die banale Aussage, er habe sich zum Negativen verändert. Bischof und Theologieprofessor sind eben zwei ganz verschiedene Berufe, denen zwar der Glaube gemeinsam ist. Aber als Professor hatte ich die Aufgabe, auf der Grundlage des Glaubens neue Vorschläge für das kirchliche Leben zu machen, wohl wissend, dass nicht ich darüber zu befinden habe, sondern das Lehramt. Nun gehöre ich zum Lehramt und habe Entscheide zu fällen. Also wäre es eigentlich tragisch, wenn ich mich überhaupt nicht geändert hätte. Wenn man in eine neue Verantwortung hineinkommt, muss man die Fragen auch mit neuen Augen ansehen.

Aber wenn ein Bischof in seiner Diözese als Hoffnungsträger empfangen wird, ist das doch grundsätzlich erfreulich?

Nein. Man kann sich zwar von einem Amtsträger erhoffen, dass er die Aufgaben gut wahrnimmt. Aber Hoffnungsträger in der Kirche ist nur Jesus Christus.

Interview Thomas Gubler

Kurt Koch

Bischof Kurt Koch (Jahrgang 1950) war von 1989 bis 1995 Professor für Dogmatik und Liturgiewissenschaft an der Theologischen Fakultät der Hochschule Luzern und zuletzt deren Rektor. Am 21. August 1995 wurde der Luzerner Theologe und Autor zahlreicher wissenschaftlicher Werke vom Domkapitel zum Bischof von Basel gewählt und am Dreikönigstag 1996 von Papst Johannes Paul II. in Rom geweiht.

3. «Herzlichkeit und Glaubwürdigkeit in der Kirche», erschienen als Forums-Artikel in der Basler Zeitung am 8. August 2003

Reaktion von Franz Sabo auf das Interview mit Bischof Koch.

Es ist ungeheuerlich, auf welch abstoßende und primitive Weise Politiker und Kirchenführer das so genannte «Volk» für dumm verkaufen.

Der amerikanische Präsident sowie der britische Premier Blair setzen bewusst und gezielt falsche Informationen um (nicht) vorhandene Massenvernichtungswaffen im Irak ein, um sich so die Legitimation für einen Krieg zu beschaffen. Bush hat inzwischen einen Sündenbock gefunden, Blair wird wohl selbst den Kopf hinhalten müssen.

Ein demokratisch gewählter Ministerpräsident – der in Italien – bringt im Parlament eine Mehrheit zustande für ein Gesetz zu seinem persönlichen Wohl, damit er wegen vermuteter krimineller Machenschaften nicht zur Rechenschaft gezogen werden kann.

Deutsche Bischöfe suspendieren Priester, weil sie auf dem Kirchentag in Berlin am gemeinsamen Abendmahl mit evangelischen Christen teilgenommen haben. Einer jener Bischöfe hat zudem noch die Stirn, von einem «öffentlichen Ärgernis» zu sprechen! So derart weltfremd sind sie inzwischen geworden – die Bischöfe –, dass sie nicht mehr unterscheiden können, was das «öffentliche Ärgernis» in Wahrheit ist:

Die Teilnahme am gemeinsamen Abendmahl oder der Rausschmiss deswegen!?

Und nun zu Bischof Koch im Interview mit der BaZ am 15. Juli 2003:

Sicher, Bischof Otto Wüst hat gelitten – aber geduldet –, dass dispensierte Priester in der Diözese Basel als Gemeindeleiter tätig sein konnten. Das zeugt davon, dass er etwas hatte, was dem jetzigen Amtsinhaber offensichtlich fehlt: ein «Herz». Jener wird nicht müde, uns das seit seinem Amtsantritt immer wieder vor Augen zu führen: in hochintellektuellen Veröffentlichungen, aber in herzlosen Worten und Taten.

Jüngstes Beispiel ist oben genanntes Interview. Auf die Frage von Th. Gubler, ob es für einen Bischof nicht erfreulich sei, wenn er als Hoffnungsträger von den Menschen empfangen wird, antwortet der «Hirte Koch» «Nein»! Und er erklärt höchst theologisch, dass Hoffnungsträger in der Kirche «nur» Jesus Christus sei!

Welch ungemein fromm erscheinende Antwort. Doch bei genauerem Hinschauen ist es vor allem eine Beleidigung all jener Gläubigen, die noch so gutgläubig sind, und als Bischof zumindest einen menschlichen Hoffnungsträger erwarten.

Jesus Christus, das ist die eine Hoffnung – für viele die letzte.

Ein anderer Mensch, das ist eine andere Hoffnung – für die meisten lebensentscheidend und lebensbereichernd (Ausnahmen scheinen sich unter Bischöfen zu finden).

Arme, «herzlose» Welt, in der es Hoffnung mit menschlichem Antlitz nicht geben könnte, wenn «nur» der menschliche Typus «Koch» Kirche und Welt regieren würde!

Wer ist nun glaubwürdiger? Jener, der barmherzig handelt und dabei Regeln der Obrigkeit überschreitet (vgl. Barmherziger Samariter, Lk. 25-37), oder jener, der fragwürdige Vorschriften mit dem nicht minder fragwürdigen Argument der Glaubwürdigkeit «über» die Barmherzigkeit stellt?

Beide – sofern letzterer eben über kein «Herz» verfügt.

Wir haben keinen Bischof, sondern einen Funktionär. Wir haben keinen Hirten, sondern einen recht gescheiten Professor, der den Puls der Zeit und seiner Diözese nicht wahrnimmt oder wahrnehmen will. Er redet sich heraus mit dem ewig wiederholenden Verweis auf die Eingebundenheit in die Weltkirche. Bischof Koch ist Bischof von Basel und nicht Bischof von der Welt! Eine Pfarrei in Australien oder Indien hat ihre Probleme, wir haben die unsrigen. Was uns in erster Linie verbindet, bzw. verbinden sollte, das ist der Glaube an den einen, vereinenden und barmherzigen Gott, und keine bischöflichen Zuchtruten.

Sind unsere Bischöfe schon so weit gekommen, dass sie tatsächlich glauben, Jesus hätte einen jener Priester hinausgeschmissen, nur weil er mit anderen Christen das Brot geteilt hat? Ich bin überzeugt, dass es einzelne Bischöfe gibt, welche die Handlungsweise ihrer Mitbrüder im Amt nicht gut heißen, aber sich nicht trauen, dies öffentlich zu sagen, weil sie sonst selbst eins aufs Dach bekommen. Man stelle sich das vor! Woran erinnert uns das? An einen Überwachungsstaat! Die Kirche Jesu ist eine «Überwa-

chungs-Kirche»! Kardinal Lehmann hat einmal gesagt: «Kirchenspaltung ist, theologisch gesehen, ein
größeres Ärgernis als die Vorwegnahme der Einheit
der Kirche durch Interkommunion.» Aber das ist lange her…

Welche Rolle spielt Gott oder Jesus wirklich noch
im Bewusstsein der Kirchenfürsten? Ihre Vorschriften, Verbote, Gebote, Gesetze, die Dogmen, das Kirchenrecht, all das scheint ihnen zum Mammon geworden zu sein. Es geht ihnen gar nicht mehr um
Gott, oder darum, wie Jesus wohl gehandelt hätte –
nein, sie haben ja ihre Gesetzbücher und Vorschriften, da steht alles drin, da braucht man nicht mehr
nach Jesus und auch nicht nach den Zeichen der Zeit
zu fragen.

Und wenn jemand nicht gehorcht, dann wird er
einfach vor die Tür gesetzt (die meisten gehen eh' von
selbst). Nicht Gott ist ihr Gott, sondern ihr kirchliches
Herrschaftssystem ist ihr Mammon.

Die Geschichte wiederholt sich. Die heutigen Kirchenfürsten gleichen den Hohen Priestern zur Zeit Jesu. Sie sind mit Blindheit geschlagen.

Jahrhunderte alter Starrsinn verhindert mit allen
Mitteln eine menschenfreundliche, zeitgemäße Kirche, verhindert eine Religion, die wieder lebt in den
Herzen der Menschen. Jesus hat uns Freunde ge-
nannt, nicht Knechte (Jo.15,15)! Die Bischöfe haben
sich selber zu Knechten des Vatikans machen lassen
und wollen auch uns – die Priester und alle Gläubigen – als Knechte halten. Es ist ihnen bis jetzt ge-

lungen, und es wird ihnen wohl auch noch weiter gelingen. Warum?

1. Weil der größte Teil der Schäfchen inzwischen Ex-Schäfchen geworden sind, die sich nicht oder kaum mehr für das interessieren, was die Kirchenleitung anstellt.

2. Weil jene, die noch übrig geblieben sind, zum überwiegenden Teil zur alten Generation zählen, für die Bischof oder Papst immer noch weitgehend unantastbar sind. Wenn sie den Bannstrahl senden oder einen Priester rausschmeißen, dann wird sich demütig gebeugt und die Strafe angenommen. Diese Haltung wird von den hohen geistlichen Herren schamlos ausgenutzt. Kommt Kritik aus der Kirche, wird sie abgeschmettert – bis hin zu Suspendierung, Dispensierung, Rausschmiss und anderen Nettigkeiten. Doch irgendwann ist das Maß voll.

Wenn sich die Menschen nie gegen die Obrigkeit gewehrt hätten, wenn Menschen nie gegen bestehende, menschenverachtende Gesetze gekämpft hätten, wäre es nicht zur Französischen Revolution gekommen. Und es gäbe wohl heute noch Kreuzzüge, Inquisition, Ketzerverfolgungen, Hexenverbrennung… – mit freundlicher Genehmigung und Unterstützung des Vatikans.

(Es gibt sie ja immer noch – auf «moderne» Weise!)

Es ist schwer, ein Christ zu sein, wenn man sich all den Unsinn anhört, der im Namen des Christentums, ja im Namen Jesu, gepredigt worden ist. Es ist leicht, ein Christ zu sein, wenn man nicht weiß – oder so tut, als wisse man nicht – was das Christentum in der Vergangenheit getan hat. Es war mörderisch! Das Christentum hat viel mehr Menschen getötet als der Kommunismus oder Faschismus.

Vor einiger Zeit hat sich der Papst bei den Juden entschuldigt. Doch da stehen noch einige an, bei denen eine Entschuldigung überfällig wäre – Millionen von Menschen…

Bischof Koch krönt im Interview mit der Basler Zeitung seine Ausführungen damit, indem er den Gemeinden quasi die Schuld zuschiebt für den Priestermangel. Aber damit nicht genug. Mit keinem Wort erwähnt er, dass eventuell die «Zulassungsbedingungen der Kirche», besser gesagt der Kirchenoberen, zumindest Mitschuld daran haben! Jene «Zulassungsbedingungen» sind es, die viele Priesterberufungen nicht zum Tragen kommen lassen! So wenig wie die Handwerks- oder Ärztekammer Handwerker, bzw. Ärzte beruft, so wenig werden die Priester von der «Kirchenkammer», sprich: von den Ordinariaten berufen. Die Berufung zum Priester, wie zu jeder anderen Berufung, kommt von Gott. Und jeder Mensch, der wirklich auf seine innere Stimme lauscht, hört und spürt, was er soll..., hört und spürt auch seine Berufung. Die Kirchenfürsten aber pfuschen dem lieben Gott ins Handwerk, ja – man kann sogar so weit gehen und sagen: sie wollen ihm das Handwerk legen!

Sie – die Bischöfe – stellen Bedingungen auf, wer Priester werden und sein darf und wer nicht!

Dabei ist es gerade die Bibel, die aufzeigt, «wie» und «wen» Gott beruft. Jesus selbst ist das Beispiel schlechthin. So einer wurde nicht erwartet! Er wurde vom damaligen «kirchlichen» Establishment abgelehnt, verfolgt und – vergessen wir das nicht! – dem Tod ausgeliefert, durch die damaligen religiösen Führer!

Gott schert sich mit seinen Berufungen nicht um die Vorstellungen und Zulassungsbedingungen der «Hohen» Priester oder Bischöfe. Ob ein Priester wirklich ein Priester ist, das zeigt sich sehr schnell an seinem Wirken in der Gemeinde. Und die Menschen sind nicht so dumm, wofür sie die Bischöfe halten. Die Menschen in den Pfarreien spüren, was und wer echt ist.

Was wir brauchen sind mutige Gemeinden und mutige Priester, die sich über bischöfliches Gezeter und bischöfliche Verbote und Dispensierung (die nun auch mir droht) hinwegsetzen und zeigen, dass das «Volk» Gottes Kirche ist, und nicht das «Völkchen» der Bischöfe und Kardinäle, das inzwischen immer mehr von Hirten zu «Wadenbeissern» bzw. Knechten degeneriert ist.

Wenn «die da oben» sich nicht bewegen, müssen wir «da unten» es tun!

4. Bischof Kochs wundersame Wende zum treuen Diener Roms

Artikel von Michael Meier im Tages-Anzeiger vom 4. Mai 2004.

Das Postulat der Synoden für das Frauenpriestertum weisen die Bischöfe zurück. Dabei war ihr Chefideologe Kurt Koch einst selbst ein vehementer Verfechter der Frauenordination.

Von Michael Meier

Die Diskriminierung der Frau komme «nirgends so deutlich und exemplarisch ans Tageslicht wie in dem in der katholischen Kirche nach wie vor entschiedenen Ausschluss der Frauen vom kirchlichen Amt». Die christliche Kirche sei eben «eine besondere Brut- und Kultstätte des Sexismus». Der sich so kämpferisch hinter die Sache der Frau stellt, heißt

Kurt Koch, war hier zu Lande einer der berühmtesten Theologen und einer der progressivsten obendrein. Sein Buch «Schweigeverbot» mit dem leidenschaftlichen Plädoyer für die Gleichberechtigung samt Priesterweihe der Frau stammt allerdings aus dem Jahre 1988 und ist vergriffen – sehr zur Erleichterung des Autors.

Denn heute denkt dieser stramm gegenteilig. Heute ist Kurt Koch Bischof von Basel und Vizepräsident der Schweizer Bischofskonferenz. Dort zuständig für Glaubensfragen, hat er die bischöfliche Antwort auf die Luzerner Erklärung mitverfasst. Die Luzerner Synode hatte die Bischöfe letzten Herbst aufgefordert, sich für das Frauenpriestertum und die Abschaffung des Pflichtzölibats einzusetzen. Die Erklärung, welche inzwischen von zahlreichen anderen Kantonalkirchen unterstützt wird, war an Kurt Koch adressiert. In ihrer kürzlich publizierten, ernüchternden Antwort monieren die Bischöfe, der Papst habe schlicht keine Vollmacht, die Frauenpriesterweihe einzuführen. Diese sei nämlich nicht, wie in der Erklärung behauptet, «eine Frage der Gleichberechtigung der Geschlechter», folglich auch keine Frage der Chancengleichheit. Das Priesteramt sei ein Geschenk Gottes und kein Menschenrecht.

Äbtissin repräsentiert Christus

In seinem Buch «Schweigeverbot» erörterte Theologe Koch das Frauenpriestertum jedoch sehr wohl als Problem der Chancengleichheit. So schreibt er:

«Die patriarchalische Denkweise hat sich auch niedergeschlagen in sexistischen Strukturen in Gesellschaft und Kirche, die zu einer ungleichen Verteilung der Lebenschancen zwischen Männern und Frauen geführt haben.» Koch rief die europäische Kirche zur Befreiungsarbeit auf und geißelte das «leere Geschwätz, die Gleichwertigkeit der Frau in der Kirche zu predigen, sie aber dann auf Grund ihres Geschlechtes von jeder Teilnahme an der kirchlichen Macht auszuschließen». Mit Recht beurteilten Frauen ihren Ausschluss vom Priesteramt als diskriminierend. Selbst «heilige Frauen» wie Therese von Lisieux, die grosse Kirchenlehrerin, hätten das so empfunden.

Auch die Hauptargumente der Glaubenskongregation gegen das Frauenpriestertum zerpflückte Koch damals ungeniert. Gemäß dem Vatikan-Schreiben «Inter insignores» von 1976 war Christus in seiner irdischen Existenz ein Mann und kann deshalb nicht von einer Frau repräsentiert werden. In seinem ebenfalls vergriffenen Buch «Zwischenrufe» von 1987 widerlegte Koch dieses Argument mit der traditionellen Weihe von Äbtissinnen, die mit den Insignien Kreuz und Stab versehen, sehr wohl Christus für ihre Gemeinschaft repräsentierten.

Aber auch theologisch ging es für Koch nicht an, die «biologische Konkretheit der Inkarnation Gottes» zu verabsolutieren: Es sei unzulässig, aus der Menschwerdung Gottes eine Mannwerdung zu machen und damit den Mann als gottähnlicher zu beurteilen als die Frau. Darum forderte er die «Entsexualisierung» und «Entpatriarchalisierung» Gottes.

Alles in allem gab es für Koch keine theologisch stichhaltigen Gründe gegen das Frauenpriestertum, wie er in «Zwischenrufe» folgerte. Darum «müsste es eigentlich unmittelbar vor der Türe, auch vor der vatikanischen Türe stehen». Ein Priestertum der Frau sei «theologisch nicht nur möglich, sondern auch wünschenswert…»

Frauen und Sexualität unterdrückt

Die Bischöfe geben sich in ihrer Antwort auf die Luzerner Erklärung auch höchst erstaunt, dass diese die Forderung nach der Frauenordination und jene der Aufhebung der Zölibatspflicht verknüpft. In früheren Jahren war Theologe Koch auch da viel hellsichtiger. Im Buch «Schweigeverbot» bestand er nämlich auf dem «sehr engen Zusammenhang zwischen der traditionellen kirchlich-männlichen Unterdrückung der Sexualität und der patriarchalen Unterwerfung der Frau». So schrieb er: «Die negative Bewertung der Sexualität als Inbegriff der Natur in der christlichen Tradition zog von selbst auch die Abwertung der Frau nach sich.»

Den Zölibat hielt Koch zwar damals für eine sinnvolle Lebensweise der Priester. Der Pflichtzölibat sei aber eine Verletzung des göttlichen Rechts, wenn das oberste Gebot der Kirche, nämlich die Seelsorge, mangels Priestern nicht mehr erfüllt werden könne. Angesichts des akuten Priestermangels ist das heute der Fall; dennoch ist im Antwortschreiben der Bischöfe keine Rede davon, den Zölibat freizustellen.

Die Luzerner Synode und andere Kantonalkirchen werden im Mai nochmals beraten, wie sie die Bischöfe mit den Forderungen der Frauenordination und der Aufhebung der Zölibatspflicht neuerlich unter Druck setzen können. Am besten wohl mit Kurt Kochs eigenen Argumenten vor seiner Wende.

Der Bischof windet sich

«Soll meine Wende Sünde sein?» So fragte Bischof Koch, als ihm der «Tages-Anzeiger» vor zwei Jahren anhand seiner Schriften nachwies, dass er punkto Opus Dei eine 180-Grad-Wende vollzogen hatte – vom Kritiker zum Verehrer des Werkes Gottes. Er habe sich damals von Theologen und Journalisten unüberprüft negative Fremdurteile entliehen, wand sich der Bischof. Seine Wende nach der Bischofsweihe lässt sich aber auch beim Frauenpriestertum und in anderen Bereichen festmachen.

In seinem Buch «Zwischenrufe» von 1987 wirft er etwa Kardinal Ratzinger – ein Wendehals auch er – ethische Doppelbödigkeit vor: Ratzinger greife nur im Bereich der individuellen Moral, beispielsweise in Fragen der Geburtenregelung oder der Stellung der Frau in der Kirche, rigoros durch. Urteile über politische und soziale Fragen aber spreche er nur zögernd aus. So sah Koch Kardinal Ratzinger 1987. Heute allerdings sind Kochs Werke voller Bücklinge gegenüber Ratzinger.

Koch dementiert, dass er vor seiner Bischofsweihe in Rom zu Konzessionen genötigt worden sei. Tatsache ist aber, dass Rom die Bestätigung des Reformtheologen monatelang hinauszögerte, als er im August 1995 vom Basler Domkapitel zum Bischof gewählt worden war. Das hatte wohl doch mit seinen vergriffenen Büchern zu tun, die in vielem so gar nicht romkonform sind.

5.   Wer spaltet die Kirche?

Wissen Sie, was Papst Innozenz III. in seiner Weihepredigt gesagt hat?

Er sei zwar geringer als Gott, aber größer als ein Mensch! (Franzen/Bäumer: Papstgeschichte, Freiburg 1974). Lassen Sie sich das noch einmal auf der Zunge zergehen und in den Ohren nachklingen: Er sei zwar geringer als Gott, aber größer als ein Mensch!

Heute lachen nicht nur junge Menschen darüber, um es dann gleich wieder zu vergessen. Aber vergessen wir es nicht sofort! Rumort nicht der Bauch, schmerzt nicht das Herz, rebelliert nicht der Kopf? Wehrt sich da nicht alles in uns, gegen eine solche Blasphemie des «Stellvertreters Christi»?! Es ist bezeichnenderweise dieser Papst, der die bisherige Titulierung des Papstes als «Stellvertreter Petri» durch «Stellvertreter Christi» ersetzt!

Nun, man könnte sagen, das war vor 800 Jahren; die Kirche hat das sicher mittlerweile revidiert. Mitnichten – im Gegenteil! Sie hat noch eins draufgesetzt, und zwar nicht im Mittelalter und nicht zur Zeit der Inquisition und Hexenverbrennungen, sondern im Jahr 1870 durch Pius IX. Mit ihm erreicht der Größenwahn der Päpste seinen vorläufigen Höhepunkt. Nämlich durch die Dogmatisierung der Unfehlbarkeit des Papstes «ex cathedra», entgegen weltweitem Widerstand von Bischöfen und Theologen. Aus jenen, die damals ihrem Gewissen gefolgt sind, und diese wohl größte Häresie des Papsttums nicht mehr mittragen konnten, entwickelte sich die alt- bzw. christkatholische Kirche.

WER spaltete die Kirche? Es war das Papsttum mit seiner ungeheuren Machtgier, nicht nur die Kirche, sondern die ganze Welt beherrschen zu wollen.

Ein erster Höhepunkt jenes Machtstrebens wurde bereits 1054 durch Leo IX. erreicht, der plötzlich den Anspruch erhob, dass einzig der Bischof von Rom der alleinige Oberhirte der gesamten Kirche sei. Bis dahin waren die Bischöfe von Rom, Byzanz, Jerusalem, Alexandria und Antiochia gleichberechtigt. Nun ist der Bruch, die Kirchenspaltung zwischen der römischen und orthodoxen Kirche besiegelt. Denn für Byzanz besitzt allein die Synode, also die Versammlung der Bischöfe, das Recht, dogmatische Entscheidungen zu fällen.

Der zweite Höhepunkt ereignete sich zur Zeit Leo X. Wiederum provoziert durch die röm.-kath. Amtskirche, nämlich vor allem durch den «Ablasshandel». Für Martin Luther der Tropfen, der das ohnehin schon volle Fass zum Überlaufen brachte

(31.10.1517): «Der Ablass ist eine verteufelt ge-
schickte Erfindung der kath. Kirche, ein typisch
mittelalterliches Werk. Die Kirche verhängt bei Sünden zeitlich begrenzte Strafen zur Busse – etwa den
Gemeindeausschluss. Seit dem 11. Jahrhundert kann
jeder Bischof, später nur der Papst, diese Strafen ver-
kürzen, wenn der reuige Sünder stattdessen fromme
Werke verrichtet, dann auch, wenn er Geld spendet.»
(Cay Rademacher: Kampf dem Papst, aus: GeoEpo-
che Nr. 10, Hamburg 2003).

Ein besonders hässliches, aber treffendes Beispiel
für den Ablasshandel findet sich im Markgrafen Al-
brecht von Brandenburg, der seine illegalen drei Bi-
schofssitze dem Papst mit einem Grossteil jenes Gel-
des bezahlt, das er über den Ablasshandel einnimmt.
«Wenn das Geld im Kasten klingt, die Seele aus dem
Fegefeuer springt!» Und so floss der Rubel, bis einer
aufstand, der sich der größten Weltmacht, der röm.-
kath. Kirche, entgegenstellte und gewann: Martin Luther. Er gewann, weil ein Siedepunkt kirchlichen
Machtmissbrauchs erreicht war, und weil endlich
auch das «einfache» Volk sich wehrte und Luther
unterstützte.

Das möge man sich vor Augen halten, wenn die
Kirchenleitung den Gläubigen immer dann mit dem
Gespenst der «Kirchenspaltung» Angst einjagen will,
wenn diese aufmüpfig werden.

Solange es aber «nur» bei Bittschriften und blo-
ßen Forderungen bleibt, besteht keine Gefahr für die
unumschränkte Herrschaft des Vatikans. Obwohl ei-

ne übergroße Mehrheit unserer Katholiken seit langem die Aufhebung des Pflichtzölibats, die Wiederzulassung dispensierter Priester, und viele auch die Zulassung der Frau zum Priestertum fordern, wird dieser Ruf seitens der Bischöfe bagatellisiert. In der Antwort der Schweizer Bischofskonferenz auf die Beschlüsse der Luzerner Synode vom Herbst 2003, war im Pfarrblatt Folgendes zu lesen: «Bischof Grab erinnerte daran, dass dieses Anliegen bereits mehrere Male an die Bischöfe herangetragen wurde. Er verwies darauf, dass die aufgeworfenen Fragen nur auf der Ebene der Universalkirche angegangen werden könnten.» (Kirche Heute, Pfarrblatt der Region Nordwest-Schweiz 1, Basel 2003/04).

Unsere Bischöfe «könnten» doch den Anfang machen?! Sie würden staunen, wie universal sich dieser Anfang in der Kirche ausbreiten würde! Der Hinweis auf die so genannte «Universalkirche» ist eines der Lieblingsargumente der Bischöfe. Unter dieser scheinbar weltumfassenden Bezeichnung verstehen jene Herren «de facto» allerdings nur Rom!

Auf gut deutsch gibt uns der Herr Bischof somit zu verstehen: Das ist nichts Neues, was ihr wollt. Ihr könnt ruhig fordern, aber Rom entscheidet.

Schauen wir auf Jesus und wehren wir uns, so wie er sich gegen die Heuchelei und den Gesetzesfundamentalismus der damaligen religiösen Führung gewehrt hat! «Der Sabbat ist für den Menschen da» – und nicht umgekehrt! D.h., die Gesetze sind für den Menschen da; sie haben ihm zu dienen und nicht umgekehrt. Gesetze, die den Menschen knechten und schaden, taugen nichts.

Wehren wir uns! Lassen wir uns von den heutigen «Hohen Priestern» nicht mehr aus der Kirche hinauswerfen! Lassen wir uns von den Drohungen und der Angstmache jener nicht einschüchtern, deren Vorgänger für die größten Kirchenspaltungen verantwortlich waren! Denn: Nicht nur «auch» wir, sondern vielmehr gerade wir, das «gläubige Fußvolk», ist Kirche, und keineswegs nur das «Völkchen» der Bischöfe und Kardinäle! Wir wollen ja nichts anderes, als dass unsere Gemeinden wieder Priester haben, die als Menschen wie wir unter uns und mit uns leben, mit allem, was zum Leben gehört – einschließlich der wunderbaren Gabe Gottes: der Sexualität! Dann wird ein Grossteil der Verlogenheit, Heimlichtuerei und auch des sexuellen Missbrauchs aufhören!

Seit Ende des II. Vatikanischen Konzils breitet sich eine weitere, eine schleichende Kirchenspaltung aus, durch Hunderttausende, die aus der Kirche austreten, weil die Amtskirche an den Bedürfnissen der Menschen und ihrem täglich gelebten Leben vorbei moralisiert. Denn, anstatt die Fenster offen zu lassen, welche Johannes XXIII. geöffnet hat, wurden – entgegen aller Hoffnungen – die Fenster wieder nach und nach geschlossen, wenn nicht gar verriegelt. Was haben die immer wieder maßregelnden und z.T. menschenverachtenden Verlautbarungen der Kurie noch mit der «Frohen Botschaft» Jesu zu tun? Es werden zwar fromm und gezielt viele Bibelzitate verwendet, denn man findet für fast alle Lebenslagen passende Bibelsprüche – sogar der Teufel hat aus der Hl. Schrift zitiert (vgl. Lk. 4,9-11; bzw. Ps. 91,11f) - aber der «Geist» Jesu ist kaum mehr zu spüren. Jener Jesus, der als Sohn eines Zimmermanns in einem Stall geboren wurde, der bei und mit den Menschen lebte, der z.T. scharf das damalige religiöse Establishment kritisierte, der nicht zuletzt deshalb als Verachteter ans Kreuz geschlagen wurde und von einer Handvoll Getreuen begraben wurde – ohne Massenauflauf und Personenkult.

Natürlich vermag auch ich aus der Bibel zu zitieren. So heißt es z.B. bei Johannes: «Denn das Gesetz wurde durch Mose gegeben, die Gnade und die Wahrheit kamen durch Jesus Christus.» Die Kirchengeschichte zeigt bis heute: Gnade und Wahrheit sind weitgehend auf der Strecke geblieben. An ihre Stelle sind Macht, Verlogenheit und das Kirchenrecht getreten. Es war das Papsttum, das aus der ursprünglich katholischen Kirche eine römisch katholische Kirche gemacht hat und eine anfänglich synodal strukturierte Kirche in eine absolutistische Organisation umbaute. Um ihre Macht ausbauen zu können, zu sichern und zu rechtfertigen, schuf sich die röm.-kath. Kirche nach und nach ein ausgeklügeltes Gesetzessystem – das Kirchenrecht – und verbandelte dieses je nach Bedarf mit dem staatlichen Recht. Das Kirchenrecht kann aber nur eine Randfunktion einnehmen. Zentrum unseres Glaubens ist nicht das Kirchenrecht, sondern die Person Jesu Christi. Er hat kein Rechtssystem gelehrt, sondern die Frohe Botschaft von der Liebe Gottes zu seiner Schöpfung verkündet.

Die Kirchenfürsten haben sich sowohl vom heutigen Leben, wie von einem Grossteil der Gläubigen, und vor allem vom Mann und von der Frau auf der Strasse völlig entfremdet. Unsere «Hirten» hüten nicht mehr eine Herde von «Schafen», sondern einen Wust von kirchlichen Moral- und Gesetzesvorschriften, die sich weitgehend jenseits unserer heutigen Welt befinden.

Seit Jahrzehnten wird diskutiert. Zahllose Bittschriften wurden verfasst; es gibt zahlreiche Gruppen und Kreise, welche reden, bitten, beten, jammern… Es wird protestiert, geschimpft und es werden Mahnwachen abgehalten. Doch nichts hat sich getan in Richtung Auflösung des Pflichtzölibats, in Richtung Frauenordination, Akzeptanz homosexueller Partnerschaften, zeitgerechter Geschiedenenpastoral, Zulassung empfängnisverhütender Mittel, Einführung demokratischer Strukturen, usw.

Warum tut sich nichts in Richtung einer Reform der röm.-kath. Kirche?

Zum einen liegt es sicherlich an «denen da oben», zum anderen aber auch an uns «da unten»!

1. Ganze Heerscharen von Menschen, die auf jene Reformen warteten, sind ausgetreten.

Allein in der Schweiz haben 125 000 Katholiken zwischen 1990 und 2000 ihre Kirche verlassen. Ein Großteil der Reformwilligen hat resigniert – sie sind weg.

2. Wohl der größte Teil jener Katholiken, die noch mehr oder weniger dabei sind, ignorieren zumeist die römischen Verlautbarungen. Auch ich habe zu jener «Sorte» gehört. Man langt sich an den Kopf und ist immer wieder von neuem erstaunt, über so viel Blindheit und Sturheit hinter den Mauern des Vatikans. Dann aber sagt man sich. «Vergiss es! Rom ist weit weg. Wir machen hier das Unsere.»

Doch nicht alle können sich auf Dauer damit selbst beruhigen. Je mehr das Volk auf sich drauf hauen lässt, desto mehr wird drauf gehauen – vom Machtapparat der Kirche. Die Ignoranz des noch vorhandenen Kirchenvolkes macht es möglich, dass die Kurie samt ihrer Ableger, ihre Macht munter weiter missbraucht.

3. Und dann ist da noch die Angst!

Gerade bei vielen streng Gläubigen und alten Leuten ist die Angst noch tief verwurzelt.

Ein Bischof, ein Kardinal, der Papst – sie sind unantastbar! Wenn man irgendetwas macht, was Papst oder Bischöfe verbieten, dann könnte man vielleicht wirklich nicht so schnell in den Himmel kommen – womöglich gar nicht?! Es wird vergessen – oder vielleicht weiß man es auch wirklich nicht – was eine ganze Reihe von Päpsten angerichtet hat. Es hätte zum Gegenteil dessen führen müssen, was 1870 geschehen ist: zur Dogmatisierung der «Fehlbarkeit» des Papstes und nicht zu dessen «Unfehlbarkeit»! Es ist Zeit, allerhöchste Zeit, dass der Papst das wird, als was er sich bezeichnet: «Diener aller Diener»!

Kein «Heiliger Vater» – denn es gab genug äußerst unheilige Väter!

Kein «Stellvertreter Christi» auf Erden – denn das ist der Heilige Geist!

Keine «Amts-Autorität», sondern «persönliche Integrität» hat das Markenzeichen jedes Papstes zu sein!

Wir müssen endlich den Geist des II. Vatikanischen Konzils wieder aufnehmen und konsequent weiterführen, d.h. weg von der röm.-kath. Papst- und Kurienkirche, hin zu einer wahrhaft katholischen Volkskirche, in welcher es – ganz im Geist Jesu – um die Menschen geht, und weder um abgehobene, lebensferne und überflüssige Moral- und Glaubensvorschriften, noch um Macht und theologische Spitzfindigkeiten.

Kirche kann nur dann das «Volk Gottes» sein, wenn das Volk auch gesehen, gehört, geachtet und beachtet wird. Die Kirche kann nur dann lebendig sein, wenn sie mitgeht mit der Zeit und den Realitäten von heute. Kirche ist das «Volk Gottes» und nicht das «Völkchen» von Papst, Kardinälen und Bischöfen. Doch das «Völkchen» ist stehen geblieben, bzw. eher rückwärts gegangen, anstatt mitzugehen mit dem Volk, mit der Zeit und den Gegebenheiten der heutigen Welt. Also muss das «Volk» dem «Völkchen» auf die Sprünge helfen…

Es ist Zeit, dass die Bischöfe, neben ihrem Gewissen, nicht mehr dem Papst verantwortlich sind, sondern den Gläubigen in ihren Diözesen.

Es ist Zeit, dass die Bischöfe nicht einsam vom Papst ernannt werden (nach einer Vor-Auswahl durch die mächtigen Kurienkardinäle), sondern vom Kirchenvolk gewählt werden.

Es ist Zeit, nicht mehr aus der Kirche auszutreten, nicht mehr die Missstände und den Machtmissbrauch der Kirchenhierarchen zu ignorieren, sondern die Kirche zu reformieren.

6. Machtmissbrauch, Predigt vom 10. April 2005

«Eure Ältesten ermahne ich: Sorgt als Hirten für die euch anvertraute Herde Gottes… Seid nicht Beherrscher eurer Gemeinden, sondern Vorbilder für die Menschen!» (1.Petr. 5,2f.)

«Ihr wisst, dass die, die als Herrscher gelten, ihre Völker unterdrücken und die Mächtigen ihre Macht über die Menschen missbrauchen. Bei euch aber soll es nicht so sein!» (Mk. 10,42f.)

Was ist demnach die vornehmste Aufgabe der Hirten der Kirche, also von Papst und Bischöfen?

Ich meine, ihre vornehmste Aufgabe ist die, Repräsentanten Jesu zu sein, d.h. vor allem seine Menschenfreundlichkeit und Güte sowohl in ihrem Amt und erst recht in ihrer Person zu verkörpern. Schauen wir in die Geschichte, dann müssen wir feststellen, dass genau das eine ganze Reihe von Päpsten und Bischöfen nicht getan haben. Sie sind alles Mögliche geworden: Diktatoren, Landes- und Feldherren, Manager, Moralapostel, Richter, Gelehrte, Volksverhetzer. Erst 1959 hat der menschenfreundliche Papst Johannes XXIII. die Fürbitte für die «treulosen Juden» aus der Karfreitagsliturgie wegen ihres beleidigenden Charakters gestrichen. Pius IX. dagegen – der Unfehlbarkeitspapst - hat noch 1864 im Rundschreiben Quanta cura die Forderung nach Gewissens- und Religionsfreiheit als unvereinbar mit der kirchlichen Lehre erklärt.

Wahre Hirten, die den Menschenfreund Jesu glaubhaft repräsentieren, finden sich selten.

Und das ist die eigentliche Misere der röm.-kath. Kirche. Das ist der tiefste Grund für ihre ständig zunehmende Unglaubwürdigkeit und dem daraus folgenden Exodus der Menschen in Scharen – vor allem in der westlichen Welt. Die anderen Länder werden folgen.

Ein Großteil der Kirchenführer repräsentiert schon lange nicht mehr Jesus. Dieser ist in einem Stall geboren, als Sohn eines Zimmermanns. Jesus war bei den Menschen auf der Straße. Er war eben bei den Menschen und mit ihnen. Er hat zuweilen nicht gewusst, wo er schlafen wird. «Die Füchse haben ihre Höhlen und die Vögel ihre Nester; der Menschensohn aber hat keinen Ort, wo er sein Haupt hinlegen kann» – heißt es bei Matthäus 8. Und er hat genau das gemacht, was ihm und vielen nach ihm zum Verhängnis wurde: Er hat die damalige religiöse Führung scharf kritisiert, und zwar vor allem deren Heuchelei. Es ist heute nicht anders!

Die meisten unserer heutigen katholischen Kirchenfürsten sind weder bei, noch mit den Menschen – geschweige denn, dass sie ihr Leben kennen und teilen oder gar verstehen. Sie senden ihnen «Lehrschreiben» und «apostolische Verlautbarungen» und «Rundbriefe» und «Hirtenbriefe» oder teilen ihnen ab und zu einmal mit - wie der hiesige Stabträger - was sie «bewegt». Und das sollen Hirten sein, die bei ihrer Herde sind?! Sie verschanzen sich in ihren Trutzburgen, hinter den Mauern des Vatikans oder in ihren bischöflichen Palästen. Sie umgeben sich mit Duckmäusern und Intriganten und senden dcn Bannstrahl oder das Berufsverbot gegen alle, die es wagen, sie dort zu kritisieren, wo sie am verwundbarsten sind. Sie repräsentieren keinen Jesus, wie ihn uns die Bibel schildert. Sie zelebrieren sich selbst und ihren absoluten Machtanspruch. Wehe, jemand stellt sie oder ihre Glaubwürdigkeit in Frage!

Einer, der sich besonders hervortut, die Froh-Botschaft Jesu in eine Droh-Botschaft umzukehren, sitzt auf dem Bischofsstuhl in Solothurn. Ihm zur Seite sitzt der Mönch Trauffer, der sich selbst als «Hardliner» bezeichnet und sich aufgemacht hat, in Röschenz aufzuräumen. Im Namen des Bischofs! Der Kirchgemeinderat, geschweige denn die Röschenzer wurden weder gefragt noch gehört. Spielt keine Rolle, was «die» denken oder wollen. Sie haben nur eins zu tun: zu gehorchen! Und das versucht man ihnen noch so zu verkaufen, dass es nur zu ihrem eigenen Wohl sei! Das geschieht auf sehr christliche Weise:

Der Mönch Trauffer scheint zunächst den Kirchenrat samt der Gemeinde Röschenz für Dorftrottel zu halten. Er versucht sogar, in einem Telefonat mit dem Präsidenten der Kirchgemeinde, den Kirchenrat zu bestechen! Wenn sie mich gleich in die Wüste schicken, würde die bischöfliche Kasse die Kosten übernehmen. Und schließlich bezeichnet der Mönch Trauffer einen seiner Kollegen vor versammeltem Kirchenrat zweimal als «Idioten». Welch überzeugendes Vorbild gibt der Dominikanermönch Trauffer für seinen Orden und den Ordensstand überhaupt ab? Er darf auch immer noch als Stellvertreter jenes Bischofs fungieren, der vor kurzem gesagt hat, dass meine «Äußerungen nicht hinnehmbar seien»! Aber wer bin ich schon im Vergleich zum Herrn Generalvikar Pater Dr. Roland B. Trauffer?! Dieser hat mir in seinem Rausschmiss-Schreiben gnädigst mitgeteilt, dass ich bis zum 30. September noch bleiben darf. «Allerdings nur unter der Bedingung, dass Sie sich in dieser Zeit gegenüber Bischof und Bistum loyal verhalten» – was sich mit dieser Predigt wohl erledigt hat. Ich möchte dazu sagen: Es widerspricht meiner tiefsten christlichen und humanitären Überzeugung, mich totalitären Systemen oder sich diktatorisch gebärdenden Personen gegenüber treu zu verhalten. Versteht man unter «loyal» allerdings «ehrlich» – was loyal auch bedeutet, so ist es ja gerade das, was mir seitens der Bistumsleitung zum Verhängnis wurde. Ehrlichkeit ist nicht erwünscht, sondern vielmehr Duckmäusertum und Heuchelei.

Wenn man allein in den letzten 15 Jahren mehr als 150 000 Austritte aus der kath. Kirche in der Schweiz ignoriert – denn da spricht keiner von den Herren Bischöfen von einer Spaltung...

Wenn man Priester zu Bischöfen macht, die «nur» Gelehrte sind, aber keine Seelsorger...

Wenn man nur Strukturen für den eigenen Machterhalt um jeden Preis bewahren will, anstatt sich zu öffnen für demokratische Veränderungen...

Wenn man Kritik eines unliebsamen Pfarrers benutzt, um ihn loszuwerden, den eigenen Intimus und Vize aber ungestraft einen anderen «Idioten» nennen lässt…

Wenn man also anderen Wasser predigt, selbst aber Wein trinkt…

Und wenn man vor allem – und das ist das Schlimmste – die Menschen und die eigenen Gläubigen über Jahrzehnte, ja Jahrhunderte hinweg nicht ernst nimmt…

dann hat man selbst die Lunte gelegt,
den Widerstand provoziert,
das Fass zum Überlaufen gebracht.

Liebe Gemeinde,

ich weiß, dass viele von Ihnen lieber wieder eine andere Predigt hören würden. Ich würde auch lieber eine andere halten. Damit dies aber wieder sein kann, müssen wir uns jetzt wehren.

Wenn wir es nicht tun, ist es sicher vorbei und der Machtapparat der röm.-kath. Kirche hat – wie fast immer in seiner fast 2000-jährigen Geschichte – gewonnen.

Und der blühende Baum, als den ich unsere Gemeinde am Palmsonntag bezeichnet habe, wird umgehauen.

Das muss nicht sein!

7. Der freie Wille, Predigt vom 23. April 2005

Sie werden es sicher nicht nur gehört, sondern selbst auch schon erlebt haben, dass der Mensch einen so genannten «freien Willen» hat. Der Urs Innerschweizer sitzt z.B. in seinen Ferien in einem Restaurant in Süddeutschland und studiert die Speisekarte. Da steht u.a. «Schweinshaxen mit Sauerkraut und Klößen». Aber Gott sei Dank findet sich auch «Zürcher Geschnetzeltes». Und weil die Schweizer in letzter Zeit so ihre Erfahrungen mit Bayern machen und die meisten Schweizer vom Sauerkraut nicht so begeistert sind und von Klößen schon gleich gar nicht (was ist das überhaupt?), und sich unter Schweinshaxen vielleicht ein ganzes Bein von besagtem Tier vorstellen, entscheiden sie sich vermutlich eher für das Zürcher Geschnetzelte – weil es ja schließlich den «freien Willen» gibt!

Aber, auch der hat seine Grenzen. So frei, wie manche glauben, sind wir nicht.

«Denn alles hat seine Stunde. Für jedes Geschehen unter dem Himmel gibt es eine bestimmte Zeit:
Eine Zeit zum Gebären und eine Zeit zum Sterben.
Eine Zeit zum Lachen und eine Zeit zum Weinen.
Eine Zeit zum Reden und eine Zeit zum Schweigen» (nach Kohelet 3).

Und man könnte hinzufügen: Eine Zeit zum Handeln und eine Zeit zum Abwarten. Und wenn die Zeit für gewisse Dinge da ist, dann ist sie da.

Und wenn die Zeit da ist, gewisse Entscheidungen zu treffen, dann müssen wir entscheiden.

Es gibt Dinge, und davon bin ich zutiefst überzeugt, die «müssen» wir tun – ob wir wollen oder nicht!

Denken Sie dabei jetzt nicht nur an mich, sondern denken Sie auch an sich! Hat es nicht solche Situationen in Ihrem Leben gegeben, wo Sie genau wussten: Das muss ich jetzt tun! Wenn ich das jetzt nicht tue, werde ich verrückt, finde ich keine Ruhe, passiert ein Unglück, kann ich nicht mehr ruhig schlafen, geht es nicht mehr weiter…

Man «muss» es tun! Man denkt dann gar nicht mehr darüber nach! Man rechnet auch nicht mehr und studiert und fragt sich, ob es mehr Nachteile oder mehr Vorteile bringt. Nein, man spürt nur noch: du musst es tun!

Ich hatte lange Zeit Mühe mit dem Bruder Klaus. Ich dachte: also der verlässt einfach Frau und Kinder und überlässt sie ihrem Schicksal, während er sich in die Einsamkeit verkriecht. Und dann wird er auch noch als Heiliger verehrt!? Heute verstehe ich ihn –

und so manch andere. Auch einen Martin Luther, der gesagt haben soll: «Hier stehe ich und kann nicht anders»! Wenn man das «von» anderen oder «über» andere hört, so ist das ganz etwas anderes, als wenn es einen selber packt. Aller Frust, der in einem steckt, aller Ärger, alle Enttäuschung, alles Grübeln und auch alle Ängste, die man hatte – z.B.:

Wovon lebe ich?

Stehe ich auf der Strasse?

Was werden die Leute alles über dich reden und schreiben?

Wie viele werden versuchen, dich schlecht zu machen?

Schaffst du das nervlich?

Schadest du deinen Freunden?

All das wirfst du in einem Augenblick über Bord.

Du tust den Schritt, vor dem du dich zwar fürchtest, aber du spürst, du «musst» ihn tun! Es gibt keinen anderen Weg. Es gibt jetzt keinen «freien Willen» mehr!

Es ist meine tiefe Überzeugung: Kein Mensch kommt auf Dauer darum herum, irgendwann das zu tun, was er tun muss!

Von André Gide stammt folgende Aussage:

«Es ist besser, gehasst zu werden für das, was man ist, als geliebt zu werden für das, was man nicht ist.»

Von niemandem gehasst zu werden, wäre schön.

Von ein paar Menschen geliebt zu werden, als der, der man ist, das ist wohl das größte Geschenk, das sich Menschen bereiten können.

II. Weihnachten 2005

Nachstehenden Artikel schrieb ich auf Anfrage von «Sie+Er». Dort erschien der Text am 25. Dezember 2005 und wurde im aktuellen Teil des Sonntags-Blick reißerisch als meine Weihnachtspredigt vermarktet.

1.   Die falsche Weihnachtspredigt

Die Geburt Jesu, von der uns die Weihnachtsgeschichte erzählt, hat natürlich auch eine Vorgeschichte. Im ersten Kapitel des Matthäusevangeliums lesen wir:

«Mit der Geburt Jesu Christi war es so: Maria, seine Mutter, war mit Josef verlobt. Noch bevor sie zusammengekommen waren, zeigte sich, dass sie ein Kind erwartete – durch das Wirken des Heiligen Geistes. Josef, ihr Mann, der gerecht war und sie nicht bloß stellen wollte, beschloss, sich in aller Stille von ihr zu trennen».

In der heutigen Sprache heißt das: Maria hat ein uneheliches Kind erwartet! Gott war sich nicht zu schade, diesen Weg zu wählen!

Doch was haben die Menschen – und allen voran die Kirche – daraus gemacht?

Jahrhundertelang wurden Frauen, die ein uneheliches Kind hatten, beschimpft und diskriminiert! Jahrhundertelang wurden uneheliche Kinder als «Bastarde» bezeichnet und dementsprechend behandelt! Jahrhundertelang wurden tausende und abertausende uneheliche Kinder entweder vor oder nach der Geburt getötet – aus Angst vor der «Schande»; aus Angst, als Mutter eines nicht ehelichen Kindes von den eigenen Eltern davongejagt zu werden!

Wer hat solche Gesetze gemacht – ob es nun geschriebene oder ungeschriebene Gesetze sind, spielt keine Rolle? Menschen haben sie gemacht – vor allem Männer der Kirche! Auf jeden Fall, Gott hat sie nicht gemacht! Aber man hat sie IHM sozusagen in die Schuhe geschoben. Man hat sich auf ihn berufen, und so die Masse der Menschen so weit gebracht, dass sie selber überzeugt waren, es sei Gottes Wille. Genauso, wie immer wieder Massen zu überzeugen sind, dass es angeblich Gottes Wille sei, Krieg gegen so genannte «Ungläubige» zu führen!

Tatsache aber ist, dass Gottes Sohn als uneheliches Kind in diese Welt geboren wurde – so jedenfalls der biblische Bericht. Noch einmal: Gott war sich nicht zu schade, diesen Weg zu wählen, doch die Menschen in ihrer Verblendung haben dieses Zeichen nicht verstanden, oder wollten es nicht verstehen. Keineswegs alle der kirchlichen Gesetze «dienen» dem Zusammenleben der Menschen und dem Schutz sowie der Würde des Einzelnen. Es gibt auch Gesetze, die erschweren das Zusammenleben mehr, als dass sie es erleichtern. Viele schaden ganzen Gruppen oder Minderheiten, und es stellt sich sogar die Frage, ob das eine oder andere «Gesetz» der Kirche mit den Menschenrechten vereinbar ist. Doch solange eine breite Mehrheit von jenen diskriminierenden Gesetzen nicht selber betroffen ist, sieht sie großzügig darüber hinweg.

Papst Johannes XXIII. hat die Fenster des Vatikans geöffnet. Eine große Chance hat sich für die röm.-kath. Kirche eröffnet, sich endlich auf das Heute hin zu bewegen. Auf einem Kalenderblatt habe ich Folgendes gelesen: «Wer alles Alte schützen will, vergisst, dass auch das Alte einmal neu war. Altes loslassen und Neues schaffen, hat mit Vorwärtskommen zu tun.»

Während seiner Zeit als Chef der römischen Glaubenskongregation schloss allerdings Kardinal Ratzinger ein Fenster nach dem anderen. Auch als Benedikt XVI. bleibt er sich als oberster Fensterverriegler treu. Und so sägen die Hohenpriester der röm.-kath. Kirche munter weiter an dem Ast, auf dem sie sitzen.

73

Wenn all jene Priester nicht mehr als Priester tätig sein würden, die entweder ein Verhältnis mit einer Frau oder mit einem Mann haben, dann könnte die röm.-kath. Kirche ihren Laden dicht machen. Die Kirche ist ohnehin auf dem besten Weg – zumindest in unseren Breiten – keine Volkskirche mehr zu sein. Sie droht mehr und mehr zu einer fundamentalistischen Sekte à la Opus Dei zu degenerieren.

Der Pflichtzölibat verhindert Priesterberufungen.

Der Pflichtzölibat hat Scharen von Priestern dazu bewegt, ihren Beruf und ihre Kirche zu verlassen.

Der Pflichtzölibat bringt zahllose Priester in schwerste Gewissenskonflikte, wenn sie sich einerseits ihrer Berufung verpflichtet fühlen, andererseits aber das Zölibat nicht einhalten können.

Warum wird es immer wieder hingenommen, dass Priester, die zu ihrer Partnerschaft stehen, geschmissen werden? Schuld daran sind nicht nur «die da oben», also der Machtapparat der Kirche, die den Priester an die Luft setzen. Mitverantwortlich sind auch «die da unten», das Kirchenvolk, wie auch die Kirchenräte, die solches Vorgehen letztlich immer wieder über sich ergehen lassen. Man hört dann zwar: «Ach, das war ja so ein netter und guter Pfarrer…, so menschlich…, und verstanden hat man ihn…, und überhaupt ist es furchtbar schade!» Aber, das war's dann in der Regel auch. Nach ein paar Wochen und Monaten ist Gras über die Sache gewachsen. Man kann ja eh' nichts machen!

Man kann schon! Wenn man will! Röschenz hat's gezeigt.

Manchmal sind unkonventionelle Wege geboten, um vorwärts zu kommen. Manchmal tun «Zeichen» Not, mit denen niemand gerechnet hat, um wach zu rütteln. Gott selbst hat solch ein unkonventionelles Zeichen gesetzt. Nicht nur, «dass» er in Jesus Mensch geworden ist, sondern auch «wie»! Gott war sich nicht zu schade, quasi als uneheliches Kind in ärmsten Verhältnissen zu uns Menschen zu kommen. Wann wird dieses Zeichen auch von Rom verstanden?

2.   Die echte Weihnachtspredigt

Kann man Weihnachten feiern, ohne dafür in Stimmung zu sein? Natürlich – man «kann»! Aber – man «muss» nicht! Man kann eine Einladung annehmen, aber man muss sie nicht annehmen.

Manchmal folgen wir einer Einladung, ohne eigentlich wirklich zu wollen. Wir gehen hin, weil es sich so gehört, oder weil der Partner es gerne möchte, oder weil man diejenigen, die uns einladen, nicht enttäuschen will. Wir gehen also mit keiner allzu großen Lust hin. Dann ist man dort, und sagt sich: ich hab's doch gewusst. Wäre ich gescheiter daheim geblieben. Sie kennen das. Aber vielleicht kennen Sie auch das andere: man geht hin, und plötzlich ist es doch ganz nett. Es fängt an, einem zu gefallen, und wenn man wieder zuhause ist, sagt man: es war doch gut, dass ich gegangen bin. Wenn man immer «nur» nach dem Lustprinzip lebt und handelt, kann man durchaus auch mal etwas verpassen, was Freude macht…, was einem berührt…, was in uns etwas auslöst und bewirkt..., was uns vielleicht sogar eine entscheidende Erfahrung bringt.

Als ich im November nach den vielen Belastungen, die mir dieses Jahr gebracht hat, eine Auszeit nahm, und die Zeit kam, dass ich wieder nach Röschenz kommen sollte, um den ersten Gottesdienst zu feiern, hatte ich Schiss. Ein paar Mal hatte ich das Gefühl: nein, ich kann nicht mehr, ich mag nicht mehr, es wird mir alles zu viel.

Dann kam der erste Advent.

Trotz aller Unsicherheit und trotz eines mulmigen Gefühls im Bauch spürte ich: Du musst dahin. Du musst wieder anfangen. Du musst wieder Gottesdienst halten. Du musst wieder in «deine» Pfarrei, zu «deiner» Gemeinde. Und ich bin gegangen.

Als ich dann mit den Ministranten in die Kirche einzog, erlebte ich schon ein Stück Weihnachten. Die Kirche wunderschön geschmückt und mit lieben Menschen und vielen Kindern gefüllt. Und ich spürte und ich wusste: Das ist jetzt mein Platz.

Auch der Platz Jesu war für eine gewisse Zeit diese Welt. Dazu gehört der Ort, an dem er geboren wurde, samt den dazugehörenden Umständen. Dazu gehören die Orte, die er aufgesucht hat, das Leben, das er gelebt hat, der Tod, den er gestorben ist.

Es geht uns nicht anders. Aber manchmal wollen wir, dass es uns anders geht.

Wir wollen bestimmte Dinge, bestimmte Menschen oder bestimmte Erfahrungen nicht, sondern wir wollen andere Dinge, andere Menschen, andere Erfahrungen, ja, manchmal hätten wir gern auch eine andere Welt. Zum Teil bekommen wir das, was wir wollen, zum Teil aber eben nicht - auch wenn wir uns auf den Kopf stellen.

Dieses Jahr sagt mir Weihnachten:

Du wurdest in diese Welt geboren. Durch diese Eltern, unter diesen Umständen, an diesem Ort. Du hast dieses Leben zu leben, diese Aufgabe zu erfüllen, bzw. zumindest dich dieser Aufgabe zu stellen. Diese Menschen gehören zu diesem deinem Leben; Menschen, die dich lieben, aber auch Menschen, die dir Böses tun. Du hast dich mit beiden zu beschäftigen. Es ist einfach so. Erst später, vielleicht am Ende deines Lebens, oder gar noch später, wirst du begreifen, warum?

Und mir fällt das Wort von Rilke ein:

Forsche jetzt nicht nach Antworten,
die dir nicht gegeben werden können…,
lebe jetzt die Fragen –
vielleicht lebst du dann allmählich
ohne es zu merken
eines fernen Tages
in die Antwort hinein.

Sicher kommt einmal die Zeit, wo meine Zeit hier in Röschenz beendet ist. Für jeden von uns kommt – mehrmals im Leben – ein Punkt. Etwas ist beendet und etwas Neues beginnt. Doch im Moment ist dieser Punkt, was meine Tätigkeit in Röschenz anbelangt, noch nicht gekommen.

Ich danke Ihnen, dass ich mit Ihnen hier Weihnachten feiern darf.

Und ich wünsche Ihnen von Herzen, dass auch Sie sagen können: «Gut, dass ich gegangen bin, dass ich der Einladung gefolgt bin und Weihnachten feiern konnte.»

III. Was mich sonst noch bewegt (verschiedene Predigten)

1.   Meine Orchidee

Nach dem Buch Kohelet 3:

Alles hat seine Stunde.
Für jedes Geschehen unter dem Himmel gibt es eine
bestimmte Zeit.
Eine Zeit zum Gebären, und eine Zeit zum Sterben.
Eine Zeit zum Lachen, und eine Zeit zum Weinen.
Eine Zeit zum Reden, und eine Zeit zum Schweigen.
Eine Zeit zum Festhalten,
und eine Zeit zum Loslassen.
Eine Zeit zum Leiden, und eine Zeit zum Glück.
Was auch geschieht, alles ist aufgehoben in der Ewig-
keit
und nichts geht verloren.
Es gibt keine «falsche» Zeit! Es gibt keinen «rich-
tigen» oder «falschen» Zeitpunkt! Es gibt nur einen
passenden oder unpassenden «Umgang» mit der Zeit!
Ich hatte einmal eine Orchidee, die mir von einem
sehr lieben Menschen geschenkt wurde. Diese Blu-

me stand in meiner Wohnung im Schwarzwald. Sie blühte ununterbrochen fast 4 Jahre! Sie blühte nicht einfach nur, sondern: mein Gefühl sagte mir, dass sie in besonderer Weise «für mich» blühte! Geradeso wie wir alle für manche Menschen solch eine Orchidee sind, und andere Menschen für uns. Als die Zeit meiner Orchidee abgelaufen war, und ich sie der Erde draußen im Garten übergab, tat es mir im Herzen weh. Aber es gab einen Trost:

Sie hat vier Jahre geblüht!

Und diese Orchidee mitsamt ihrer Botschaft hat Eingang gefunden in mein Inneres, hat einen festen Platz in meinem Leben.

Denn so ist es zwischen jenen Menschen, welche von der «wahren» Liebe berührt wurden: Wenn ein Mensch tatsächlich einmal «für uns» geblüht hat, dann wird dieser Mensch weder in unserer Erinnerung, noch in unserem Herzen je aufhören zu blühen. Und dieses Weiterblühen ist nicht nur ein Gruß aus der Vergangenheit – sondern ein Gruß aus und für die Ewigkeit!

2. Dreifaltigkeit

Der Sonntag nach Pfingsten ist der so genannte «Dreifaltigkeitssonntag». Es gehört zum christlichen Glauben, es ist sogar ein Dogma, dass Gott «dreifaltig» ist: Gott – Vater, Gott – Sohn, Gott – Heiliger Geist.

Ich kann Ihnen die «Dreifaltigkeit» natürlich auch nicht erklären, aber ich kann zu erklären versuchen, was damit gemeint sein «könnte»!

Die Zahl «3» hat eine symbolische Bedeutung, die bei sehr vielen Völkern und Religionen gleich ist. Zum einen ist sie das Symbol eines alles umfassenden Prinzips, zum andern ist sie ein Sinnbild der Vermittlung.

Mit der Bezeichnung «dreifaltig» soll die Vollkommenheit Gottes zum Ausdruck gebracht werden. Insofern könnte man auch sagen: Gott ist ein «vielfältiger Gott»!

Aber all die Bezeichnungen für Gott, sei es nun «dreifaltig» oder «allmächtig» oder «unermesslich», usw. sind Hilfsmittel, um das, was nicht zu beschreiben ist, zu umschreiben – um das, was nicht zu erkennen ist, besser zu erahnen!

Das, was ich meine, kann ich vielleicht mit folgendem Beispiel veranschaulichen:

Wenn wir bei klarer Nacht den Sternenhimmel betrachten und bestaunen, so sehen wir zwar tausende und abertausende Sterne – niemand kann sie zählen! Aber der Sternenhimmel, den wir sehen, ist nur ein Teil des Ganzen. Dennoch vermittelt er uns einen Zugang, eine Ahnung für die unermessliche Größe des Universums und der Schöpfung Gottes – aber eben: eine Ahnung! Es ist nun mal so, dass wir vieles nicht wissen und vieles nicht wissen können, und vieles auch nicht zu wissen brauchen. Bei Rilke heißt es:

«Habe Geduld gegen alles Ungelöste in deinem Herzen. Forsche jetzt nicht nach Antworten, die dir nicht gegeben werden können, weil du sie nicht leben kannst!»

…Weil du sie nicht leben kannst – oder «noch» nicht leben kannst!

Wenn wir also Gott nicht sehen können, wenn ER sich uns «nur» im brennenden Dornbusch (Mose), oder «nur» im Säuseln des Windes (Elija) zeigt, dann kann das damit zusammenhängen, dass wir es (noch) nicht ertragen können, IHN zu sehen wie er ist! Das fällt uns übrigens sogar bei Menschen zum Teil sehr schwer!

Stellen Sie sich vor, Sie erhielten die Antwort auf die Frage, was aus Ihrem Kind wird, und diese Antwort würde gar nicht so erfreulich ausfallen. Was meinen Sie, wie das Ihr Leben – und auch das Ihres Kindes, der ganzen Familie beeinträchtigen würde!? Was würden Sie nicht alles versuchen, um Einfluss zu nehmen?! Sie würden versuchen, Schicksal zu spielen. Manche würden vielleicht in völlige Apathie, in Resignation und Depression stürzen!

Stellen Sie sich vor, Sie erhalten die Antwort auf die Frage nach Art und Weise und Datum Ihres Todes?! Es mag Menschen geben, die damit umgehen können – aber viele können es nicht – «noch» nicht! Für manche könnte das verfrühte Wissen um ihren Todeszeitpunkt so schwer sein, dass sie es – mit den Worten von Rilke – eben nicht leben könnten.

Offenbar ist es leichter, mit einigen offenen Fragen zu leben, als mit manch fertigen Antworten.

3. Lazarus

Lesung aus dem 5. Buch Mose (30,11.14.19f):

Gott sprach: Mein Gebot zu halten, ist nicht schwer; es geht nicht über deine Kraft und ist nicht fern von dir. Es ist nicht im Himmel, so dass du sagen müsstest:

Wer steigt für uns in den Himmel hinauf, holt es herunter und verkündet es uns, damit wir es halten können? Es ist auch nicht jenseits des Meeres, so dass du sagen müsstest: wer fährt für uns über das Meer, holt es herüber und verkündet es uns, damit wir es halten können? Nein, das Wort ist ganz nah bei dir; es ist in deinem Mund und in deinem Herzen: Du kannst es halten! So lege ich dir Leben und Tod vor; Segen und Fluch. Wähle also das Leben, damit du lebst! Achte Gott, hör auf seine Stimme, und halte dich an ihm fest, denn er ist die Länge deines Lebens!

Aus dem Evangelium nach Lukas (16,19-31):

Es war einmal ein reicher Mann, der Tag für Tag herrlich und in Freuden lebte.

Vor der Tür des Reichen aber lag ein armer Mann namens Lazarus, dessen Leib voller Geschwüre war. Er hätte gern seinen Hunger mit dem gestillt, was vom Tisch des Reichen herunterfiel. Stattdessen kamen die Hunde und leckten an seinen Geschwüren. Als nun der Arme starb, wurde er von den Engeln in Abrahams Schoss getragen. Auch der Reiche starb und wurde begraben. In der Unterwelt, wo er große Qualen litt, blickte er auf und sah von weitem Abraham und Lazarus in seinem Schoss. Da rief er: Vater Abraham, hab Erbarmen mit mir, und schick Lazarus zu mir; er soll wenigstens die Spitze seines Fingers in Wasser tauchen und mir die Zunge kühlen, denn ich leide große Qual in diesem Feuer.

Abraham erwiderte: Mein Kind, denk daran, dass du schon zu Lebzeiten deinen Anteil am Guten erhalten hast, Lazarus aber nur Schlechtes. Jetzt wird er dafür getröstet - du aber musst leiden. Außerdem ist zwischen uns und euch ein tiefer, unüberwindbarer Abgrund, so dass niemand von hier zu euch oder von dort zu uns kommen kann, selbst wenn er wollte. Da sagte der Reiche: Dann bitte ich dich, Vater, schick ihn in das Haus meines Vaters! Denn ich habe noch fünf Brüder. Er soll sie warnen, damit nicht auch sie an diesen Ort der Qual kommen.

Abraham aber sagte: Sie haben Mose und die Propheten; sie haben das Wort Gottes - darauf sollen sie hören! Er erwiderte: Nein, Vater Abraham, nur wenn einer von den Toten zu ihnen kommt, werden sie umkehren. Darauf sagte Abraham: Wenn sie auf Mose und die Propheten nicht hören.., wenn sie auf das Wort Gottes, das in ihrem Herzen ist, nicht hören, werden sie sich auch nicht überzeugen lassen, wenn einer von den Toten aufersteht.

Ein hartes Evangelium! Man könnte Angst bekommen.

Aber es will uns keine Angst machen, sondern es will uns die Verantwortung für unser Leben in Erinnerung rufen. Es will uns auf die grundlegenden Gebote hinweisen, welche die Grundlage für ein anständiges Leben bilden. Und diese Gebote sind nicht über den Wolken oder «jenseits des Meeres», so dass sie die Menschen nicht wüssten – nein, sie sind in unserem Herzen. Es will uns daran erinnern, dass all unsere Taten getan sind, dass sie nicht rückgängig gemacht werden können, und dass wir sie mitnehmen; ja, dass wir uns selbst mitnehmen, wenn wir nach dem Tod in eine andere Welt gehen. Wir lassen weder uns, noch unsere Taten einfach zurück.

Weiter sagt uns das Evangelium, dass zumindest wir Menschen nicht zwischen den Welten hin und her wechseln können, bzw. dass es zumindest solche Welten und Zeiten gibt, wo das nicht möglich ist. Auch wir können unsere Identität oder unser Wesen nicht untereinander austauschen.

Nun ist im Evangelium von drei verschiedenen Welten die Rede. Einmal die Welt, in der sich Abraham und Lazarus befinden. Dann die Welt, in der sich der Reiche aufhält. Schließlich die Welt, in der die Verwandten des Reichen sind. Der Reiche bittet nun

Abraham, er möchte doch Lazarus in die Welt seiner Brüder schicken, um sie zu warnen. Abraham erklärt, dass dies weder möglich noch nötig ist. Es ist nicht möglich, wegen des «unüberwindlichen Abgrunds», es ist aber auch nicht nötig, weil die Brüder das Wort Gottes kennen, außerdem noch Mose und die Propheten haben. Der Reiche versucht Abraham in die Richtung zu überzeugen, dass es einen Unterschied gibt, zwischen zu «wissen», was richtig ist, und zu tun, was richtig ist! Wenn ein Toter in die Welt der Brüder zurückkehrt, dann wäre das ein so großes Wunder, dass die Brüder nicht nur wissen würden, was richtig sei, sondern sie würden das Richtige dann auch tun. Aber Abraham antwortet: Nein, da täuscht du dich. Es nützt nichts. Warum?

Wenn ein Mensch nicht sehen will, dann sieht er nicht, selbst wenn er sehen kann! Wenn ein Mensch nicht spüren will, dann spürt er nicht, selbst wenn er spüren kann! Wenn ein Mensch nicht hören will, dann hört er nicht, selbst wenn er hören kann! Wenn ein Mensch, jene Wunder, die tagtäglich um ihn und an ihm geschehen, weder sehen noch spüren, noch hören «will», dann nützt das Wunder, dass ein Toter wieder lebendig wird, nichts. Denn das größte Wunder ist das Leben! Das größte Wunder ist die Schöpfung, sind wir selbst. Und jeden Tag, ja jeden Augenblick geschehen neue Wunder, erwacht neues Leben, halten Menschen ein Neugeborenes in den Armen. Wer diese Wunder nicht sieht, der sieht alle anderen erst recht nicht. Stellen Sie sich nur einmal vor: Selbst wenn tatsächlich ein Toter wieder lebendig werden sollte – hier irgendwo in einem Dorf – was würde sich bei den Menschen ändern? Ein paar Tage, vielleicht auch ein paar Wochen wäre ein Riesenspektakel. Die Zeitungen würden in großen Schlagzeilen berichten; Fernsehteams aus der ganzen Welt würden anreisen; einige hundert oder tausend Menschen würden vielleicht einen neuen Glauben finden, womöglich würde ein neuer Wallfahrtsort entstehen. Man würde wissenschaftliche und halbwissenschaftliche Untersuchungen starten; viele würden zu der Überzeugung gelangen, dass der Tote gar nicht wirklich tot war. Andere würden Außerirdische am Werk sehen, usw. Aber die Welt, so wie sie nun mal ist, würde nicht aus den Fugen geraten. Die Menschen würden sich nicht ändern – da bin ich mir mit Abraham und dem Evangelium sicher. Klar, einige Menschen wären beeindruckt von diesem Wunder der Wiedererweckung, aber die meisten würden ziemlich unbeeindruckt und ziemlich schnell ihr bisheriges Leben fortsetzen.

Vergessen wir schließlich die Hauptsache nicht!

Es ist schon einmal jemand von den Toten auferstanden…

4. Don Camillo

Wer war wohl der berühmteste und beliebteste Pfarrer der vergangenen 50 Jahre?

Ich weiß nicht, ob meine Antwort stimmt, aber ich würde behaupten, das war Don Camillo. Die Älteren werden sich erinnern an:

«Don Camillo und Peppone».

Der katholische Pfarrer und der kommunistische Bürgermeister waren – trotz allem Streit und trotz aller Gegensätze – dicke Freunde. Was machte sie so beliebt bei den Fernsehzuschauern in fast ganz Europa? Sie verkörperten den Pfarrer und den Politiker, wie man sie sich eigentlich wünscht: Einen Politiker und erst recht einen Pfarrer «mit Herz».

Nun, es gibt Berufe, da ist «Herz» nicht nur nicht erwünscht, sondern sogar hinderlich. Deshalb haben es so viele Menschen auch am Herzen. Herz- und Kreislaufprobleme sind bei uns die häufigste Todesursache. Das liegt u.a. daran, dass viele, viele Menschen Dinge tun, die «gegen» ihr Herz gerichtet sind.

Und dass auch andere Menschen Dinge gegen uns tun, die uns weh, traurig und wütend machen. Und all das schadet mehr und mehr unserer Gesundheit, unserer Psyche und natürlich auch unserem Herzen. Das Problem dabei ist, dass sich diese Schädigung zumeist sehr schleichend und unauffällig über Jahre hinweg zieht. Wenn es sich dann bemerkbar macht, ist es nicht selten zu spät. Ich sage hier und jetzt nicht, was zu tun ist. Ich mache nur darauf aufmerksam. Manchmal genügt das schon. Manchmal genügt es, dem anderen zuzurufen: Hallo! Moment mal! Zwei Minuten Pause!

Sei mal ein Weilchen still! Überleg kurz! Hör einen Augenblick zu! Es gibt berechtigten Grund zur Hoffnung, dass es beim 11. oder 46. oder 77. Mal «klick» macht. Denn letzlich ereignet sich in unserem Leben nur dann, und nur dann eine Änderung, wenn wir selbst es wirklich kapiert oder eingesehen haben.

Die Welt ist in den vergangenen 50 Jahren – seit Don Camillo und Peppone – viel komplizierter geworden. Vor 10 Jahren konnte ich noch mit keinem Computer umgehen – von Handys hatte ich noch gar nichts gehört, genauso wenig von «E-Mails». Die Angst vor der Arbeitslosigkeit ist so groß geworden, dass sich viele Menschen viel gefallen lassen müssen.

Und die «Don Camillos» unter den Pfarrern sind immer weniger geworden, weil es kaum mehr welche gibt. Und diejenigen, die es gibt, will man auch noch davonjagen! Jesus sagte zu seinen Jüngern:

«Die Ernte ist groß, aber es gibt nur wenig Arbeiter. Bittet also den Herrn der Ernte, Arbeiter für seine Ernte auszusenden.» (Mt.9,37f)

Aber was nützen all die «Arbeiter», die der liebe Gott schickt, wenn sie die Kirche nicht will, weil die «Arbeiter» entweder heiraten wollen oder Frauen sind oder sonst nicht ins Konzept passen!?

Die Ernte ist groß, aber es gibt kaum mehr Don Camillos. Bitten wir den Herrn, er möge sich durchsetzen und ein paar Don Camillos senden. Denn hinter vielen klerikalen Fassaden scheint der Humor eingefroren zu sein.

5. «Carpe Diem»
(angeregt durch Urs Widmer: Das Geld, die Arbeit, die Angst, das Glück, Zürich 2002)

Beim Friedensgruß bete ich oft: «Hilf uns Herr, damit wir nicht untergehen in unseren Sorgen!»

Von den alten Römern stammt der Ratschlag: «Carpe diem», d.h., nutze den Tag - und zwar den jeweils gegenwärtigen Tag! Dieser Ratschlag wird immer bedeutsamer je älter man wird. Denn solange man jung ist, glaubt man, die schiere Ewigkeit vor sich zu haben und kümmert sich nicht um einen lumpigen Tag – zu Recht! Was ist, wenn man 17 ist, schon ein Jahr!? Wer denkt da ans Altwerden oder gar ans Sterben!? «Wir alle waren einmal unsterblich und wussten nichts von der verrinnenden Zeit. Wir waren nämlich Kinder, und die Kinder leben – wenigstens eine kleine Weile lang – im Paradies. Wir alle haben es getan, und wir tragen alle bis heute eine Erinnerung an unsere Zeitlosigkeit und Unsterblichkeit in uns.» (UW) Gott sei Dank!

Denn nach dieser kleinen Weile in der Kindheit werden wir aus dem Paradies vertrieben, nämlich dann, wenn wir begreifen (wenn das Kind begreift), «dass es ein Morgen und ein Übermorgen gibt, und dass der Tod nicht nur Maikäfer, Katzen und Großmütter holt, sondern auch solche wie uns.» (UW). Das ist ein Schrecken für die Kinder – der Schrecken darüber, dass alles ein Ende nimmt. Und dieser Schrecken begleitet uns zumeist ein Leben lang. Ich erinnere mich noch gut an diese Zeit des «Erwachens» oder an das Verlassen des Paradieses. Ich weiß noch, wie inbrünstig ich gebetet habe, dass meine Oma nicht stirbt, sondern uralt wird (sie ist 90 geworden). Und ich weiß auch noch, wie traurig ich war, als ich «begriff», dass das mit dem Nikolaus so nicht stimmt.

Ein paar Jahre später gibt es ein zweites Erwachen. Es ereignet sich bei vielen Mitte/Ende der Dreißiger. Irgendwann in dieser Zeit – bei manchen früher, bei anderen später – tauchen plötzlich gewisse Fragen häufiger und intensiver auf als früher, denn man merkt, dass man die Hälfte seines Lebens hinter sich hat:

Läuft mein Leben so, wie ich es mir vorgestellt habe? Stimmt das so, wie es ist? War das schon alles? Was will ich noch? Was brauche ich? Bin ich zufrieden? Wie gehe ich mit Krankheit um, wie mit dem Tod?

Geht es weiter nach dem Tod, und wie?

Gibt es Gott? Wer ist er und wie?

Woran glaube ich wirklich?

Welchen Sinn hat mein Leben? Und… und… und…

Diese Fragen können in eine Art Melancholie führen, ja sogar in eine Depression. Es kann aber auch «nur» zu einem Innehalten kommen. Dieses «zweite Erwachen» ist eine Chance, eine große Chance, sich neu einzurichten und einzustellen. Es ist die Chance, bewusster zu leben – jeden Tag!

Eine Chance zum: «Carpe diem»! Nutze den Tag! Genieße es, wenn es dir gut geht!

Genieße es, wenn du gesund bist!

Was nützt dir dein Sorgen? Was nützt dir deine Griesgrämigkeit? Mein Gott, du wirst deswegen nicht älter und schon gar nicht zufrieden älter!

Und dann kommt das «dritte Erwachen» – ungefähr im Pensionsalter. Da kann ich noch nicht mitreden. Ich kann nur sagen, was ich beobachte: Es gibt viele aufgestellte und lustige ältere Herrschaften hier in Röschenz!

Fortsetzung folgt vielleicht in ein paar Jahren…

6.   Elija

Aus dem 1. Buch der Könige:
In jenen Tagen ging Elija eine Tagesreise weit in die Wüste hinein.
Dort setzte er sich unter einen Ginsterstrauch und wünschte sich den Tod.
Er sagte: Nun ist es genug, Herr! Nimm mein Leben!
Dann setzte er sich unter den Ginsterstrauch und schlief ein.
Doch ein Engel rührte ihn an und sprach: Steh auf und iss!
Als er um sich blickte, sah er neben seinem Kopf Brot und einen Krug mit Wasser.
Er aß und trank und legte sich wieder hin.
Doch der Engel des Herrn kam zum zweiten Mal, rührte ihn an und sprach:
Steh auf und iss – sonst ist der Weg zu weit für dich!
Sie gehört für mich zu den schönsten Geschichten der Bibel – jene, von Elija unter dem Ginsterstrauch, die wir in der Lesung gehört haben.

Elija befand sich in einer ausweglosen Situation. Er wünschte sich den Tod.

«Nun ist es genug, Herr!» sagte er.

«Nun ist es genug, Herr!» Einige von Ihnen werden das auch schon gesagt haben – ich übrigens auch! Andere unter Ihnen werden es noch sagen. Aber nur wer wirklich einmal «dort» gewesen ist, weiß, wovon er redet! «Dort», d.h. in jener Situation, in der einem alles zu entgleiten scheint:

Aus dem Glück vergangener Tage springt kein Quäntchen mehr über, erhalten wir keine Kraft mehr. Aus dem Glauben von gestern fließt keine Hoffnung mehr ins Heute; kein «roter Faden» ist in Sicht, nicht einmal ein «seidener Faden»!

Kein Lichtschimmer am Horizont, kein Haltegriff in Reichweite. Keine Ahnung, was tun!

Man will nur noch weg! Nichts mehr hören, nichts mehr spüren, nichts mehr sehen - nicht mehr leben.

Elija setzte sich unter den Ginsterstrauch; er wollte sterben – er schlief ein. Doch ein Engel rührte ihn an und sprach: «Steh auf und iss!» Und Elija sah neben sich Brot und Wasser. Er hätte es ja nicht zu nehmen brauchen, wenn er wirklich sterben wollte! Aber er aß und trank und legte sich wieder hin.

Da kam der Engel zum zweiten Mal, rührte ihn an und «mahnte» ihn mit den eindrücklichen Worten: «Steh auf und iss – sonst ist der Weg zu weit für dich!»

Natürlich ist es eine schöne Geschichte! Aber für diejenigen unter uns, die so etwas selbst erlebt haben, ist es weit, weit mehr, als eine «schöne Geschichte». Es ist eine lebensrettende und eine lebenstragende Erfahrung, die sich eingegraben hat ins Herz, in die Seele, in die Erinnerung: «Steh auf und iss – sonst ist der Weg zu weit für dich!»

Unser Weg ist nicht unbedingt dann zu Ende, wenn wir keinen mehr sehen!

Unsere Kraft ist nicht unbedingt dann zu Ende, wenn wir keine mehr spüren!

Zumindest bis heute habe ich die Erfahrung gemacht: Nach jeder schweren Krise meines Lebens bin ich gestärkt aufgestanden und weiter gegangen. Der Engel ist bis jetzt noch immer gekommen. Deshalb vertraue ich darauf, dass er auch dann kommt, wenn jener Zeitpunkt erreicht ist, wo es dann nicht mehr «hier», sondern «dort» weitergeht.

7. «Bittet, dann wird euch gegeben...»

Die Zeitungen und vor allem das Fernsehen bringen uns heute täglich die Greueltaten, welche Menschen an Menschen verüben, in unsere gemütlichen Wohnzimmer.

Ich musste dieser Tage wieder an die beiden Mädchen denken, die vor einigen Jahren in Belgien verhungert im Keller eines brutalen Kinderschänders gefunden wurden. Ich musste an jene Menschen denken, die von islamischen Fundamentalisten entführt, vorgeführt und getötet wurden. Ich erinnere mich an einen jungen Japaner, der vor laufender Kamera um sein Leben flehte. Kurz darauf wurde er ermordet. Ich denke an die zwei jungen Männer im Iran, die letztes Jahr öffentlich aufgehängt wurden. Warum? Weil sie einander liebten!

Wenn ich an die vielen Schreckensnachrichten über furchtbare Schicksale von Menschen denke, die uns der Fernseher jeden Tag gegen geringe Gebühren ins Haus liefert, dann drängt sich mir bis heute immer noch die Frage auf, was soll ich von dem halten, was in der Bibel steht, z.B. bei Lukas 11,9f:

«Darum sage ich euch: Bittet, dann wird euch gegeben; sucht, dann werdet ihr finden; klopft an, dann wird euch geöffnet. Denn wer bittet, der empfängt, wer sucht, der findet, und wer anklopft, dem wird geöffnet.»

Und ich kann mich des Gefühls nicht erwehren, dass es so nicht stimmen kann! Wie oft werden diese Mädchen gebetet haben, wie oft haben sie «angeklopft» – stundenlang, tagelang, wochenlang, monatelang... - sie sind elend verhungert! Wie oft werden die Eltern dieser Kinder gebetet, angeklopft haben – stundenlang, tagelang, lange Nächte lang! Wie oft werden die Entführten oder die zwei jungen Iraner gebetet, angeklopft haben? Wie viele Menschen bitten, flehen, klopfen an in ihrer Not am Himmelsohr, aber es kommt keine Hilfe! Kann man da noch an dieses Wort glauben: «Bittet, dann wird euch gegeben!?»

Was ich jetzt sage, sollen keine Belehrungen sein, geschweige denn fertige Antworten. Es sind einfach meine ganz persönlichen Versuche, mit diesem «Bittet, dann wird euch gegeben» ein bisschen besser zurecht zu kommen.

Das Leid und die Grausamkeit der Menschen werden dadurch nicht erklärt. Gott wird nicht bewiesen, nicht entschuldigt und erst recht nicht ergründet. Die Frage nach dem «Warum» und «Wozu» bleibt weiter offen. Die Anklage der gequälten Kreatur hallt weiter durch die Welt, hinauf in den Himmel und hinab in die Hölle und sucht nach Schuldigen, nach Verantwortlichen und verliert sich immer wieder im Dunkel des Namenlosen, des Ungreifbaren. Und trotzdem: Das Leben geht weiter. Wir leben. Ja, wir «werden» gelebt!

Gehen wir noch einmal zurück zu Lukas 9. Was ist es, was wir von Gott bekommen? Da lesen wir ein paar Verse weiter: «Wenn schon ihr euren Kindern gebt, was gut ist, wie viel mehr wird dann Gott jenen den Hl. Geist geben, die ihn bitten!»

– Du bekommst also nicht unbedingt einen «Sechser» im Lotto vom lieben Gott, wenn du darum bittest, sondern den Hl. Geist!

– Wenn dich dein Partner verlassen hat, oder wenn deine Kinder sich nicht mehr um dich kümmern, dann bekommst du nicht unbedingt deinen Partner wieder zurück, wenn du den lieben Gott darum bittest, oder deine Kinder kümmern sich nicht plötzlich wieder um dich, wenn du den lieben Gott darum bittest, sondern du bekommst den Hl. Geist!

– Wenn du schwer krank bist, dann heißt das nicht, dass du deine Gesundheit wieder erhältst, wenn du den lieben Gott darum bittest! Es ist nicht ausgeschlossen, aber viele werden eben nicht mehr gesund. Was du aber bekommst, das ist der Hl. Geist!

– Wenn deine Zeit hier abgelaufen ist, dann kannst du beten und bitten und anklopfen so viel du willst, es nützt nichts. Du musst gehen. Du erhältst hier auf Erden nicht das ewige Leben. Was du aber bekommst, das ist der Hl. Geist.

Es mag nun Menschen geben, die sagen: auf den kann ich dann auch verzichten!

Oder: Was hat er den beiden Mädchen genutzt, die im Keller des Kinderschänders verhungert sind? Wir wissen es nicht, ob und was er ihnen genutzt hat – wir waren nicht dabei! Aber ich bin überzeugt, dass «ER» – der Hl. Geist Gottes – dabei gewesen ist!

Was ist er, dieser Hl. Geist? Wofür steht er?

Er steht für die Kraft, die wir brauchen, um durch dieses Leben zu gehen, um unser Leben zu bestehen. Er steht für den Glauben. Er glaubt an uns, auch wenn wir an nichts mehr glauben. Er steht für das Vertrauen, das wir brauchen, um all die Enttäuschungen, um all unsere Verzweiflung, um all unsere Verletzungen zu überleben. Denn – wir überleben!

Beten wir nicht «nur» zu Gott, sondern beten wir auch hin zu den Menschen und vor allem auch hin zu uns selbst! Vielleicht kennen Sie dieses Gebet:

Gott gebe mir die Gelassenheit, Dinge hinzunehmen, die ich nicht ändern kann, den Mut, Dinge zu ändern, die ich ändern kann. Und die Weisheit, das eine von dem anderen zu unterscheiden. [Christoph Friedrich Öttinger, 1702-1782]

Das, was ich tun kann, soll ich tun und nicht auf andere abwälzen!

Offenbar sind Gott da und dort die Hände gebunden, weil seine Hände «wir» sind!

Er ist eben nicht «allmächtig», wie man uns eingeredet hat. Er ist auch ohnmächtig. Denken wir an das Kreuz Jesu! Denken wir an die beiden verhungerten Mädchen! Denken wir an die beiden jungen Männer! Denken wir an die zahllosen Opfer menschlicher Gewalt, und auch an jene, die sich mit Genuss Folterszenen auf Gewaltvideos «reinziehen»!

Gott ist eben nicht ein über uns Thronender, sondern ER ist ein mit uns gehender und ein mit uns fühlender Gott. Er ist ein Stück von uns, und wir sind ein Stück von ihm – Abbild.

8. Beichte

Lesung aus dem Brief an die Epheser (4,25-32):

Legt die Lüge ab und redet untereinander die Wahrheit; denn wir sind als Kinder Gottes miteinander verbunden. Lasst euch durch den Zorn nicht zur Sünde hinreißen! Die Sonne soll über eurem Zorn nicht untergehen. Über eure Lippen komme kein böses Wort, sondern nur ein gutes, das den, der es braucht, stärkt, und dem, der es hört, Nutzen bringt. Verbannt das Böse aus eurer Mitte! Seid gütig zueinander, seid barmherzig, vergebt einander, weil auch Gott euch durch Christus vergeben hat.

Aus dem Evangelium nach Matthäus (9,11-13)

Die Pharisäer fragten die Jünger:

Wie kann euer Meister zusammen mit Zöllnern und Sündern essen?

Jesus hörte es und sagte:

Nicht die Gesunden brauchen den Arzt, sondern die Kranken. Darum lernt, was es heißt: Barmherzigkeit will ich – nicht Opfer!

Denn ich bin gekommen, um die Sünder zu rufen, nicht die Gerechten.

Viele Menschen haben Mühe mit der Beichte.

Das hat verschiedene Gründe:
unangenehme Erinnerungen…
was geht das den Pfarrer an?!
usw…

Früher, in der Alten Kirche – also in den ersten Jahrhunderten – kannte man weder die unsinnigen Beichtspiegel, noch so etwas wie einen Beichtstuhl. Das ist heute wieder sehr ähnlich. Viele der jüngeren Leute kennen weder das eine, noch das andere.

Damals, in der Alten Kirche, beschränkte man sich beim Beichten auf das Wesentliche, wie die Leugnung Gottes, oder im zwischenmenschlichen Bereich waren es z.B. Vergehen wie «öffentlicher Ehebruch», «Mord» und «Diebstahl». Nur solche «schweren» Sünden waren «beichtenswert». Insofern wurde wenig gebeichtet – ähnlich wie heute! Allerdings – und das ist ganz anders als heute – wenn gebeichtet wurde, dann «öffentlich»! Die Gemeinde kam zusammen, und es wurde «offen» gebeichtet, im Beisein der anderen!

Doch wie so oft in der Geschichte der Menschheit und ihrer Einrichtungen, gab es auch in der Kirche eine Entwicklung, für die sie selbst geradezu ein Paradebeispiel ist, nämlich:

Wenn die Unterdrückten und Verfolgten – und das waren die ersten Christen – befreit sind und selber mächtig werden, geschieht zumeist ein Rollentausch.

Die ehemals Unterdrückten werden selber zu Unterdrücker. Sie möchten ihre Macht erhalten und nach Möglichkeit sogar ausbauen. Denken wir nur an die Französische Revolution: Nachdem das Volk König und Fürsten geköpft hatte, führten die ehemals Geknechteten und jetzt Erstarkten ihre eigenen Leute zu Tausenden aufs Schafott.

In der Kirche ging es nicht besser zu: Inquisition, Folter, Scheiterhaufen, Exkommunikation, erzwungene Massentaufen… Bis zur Zeit der Reformation und der Aufklärung war die Kirche lange Zeit «die» Großmacht in Europa! So wie die Kirche ihre Macht «nach außen» – im politischen Bereich – mit allen Mitteln einsetzte, so entwickelte sie auch ein fein gesponnenes Netz, um die Macht «nach innen» – im eigenen Haus – auszuweiten und zu festigen, bis hinein in die intimsten Sphären ihrer Gläubigen. Die wirkungsvollste Waffe der Kirchenfürsten, um die Menschen «bei der Stange zu halten» – nach innen wie nach außen – war die Angstmache! Man drohte den Menschen mit ewiger Verdammnis, mit Höllenqualen, mit Exkommunikation – der endgültigen Trennung von Gott, und mit dem Ausschluss aus der Gemeinschaft der Gläubigen, und zwar «auf Erden wie im Himmel»! Der Exkommunizierte war «der» Aussätzige des Dorfes, der Stadt, ja der ganzen Gesellschaft.

Wurden die Menschen damals ohnehin schon von allen Seiten geknechtet und unterdrückt, so schürte die Kirche die Angst der Menschen noch mit dem

Feuer der Hölle und ewiger Verdammnis, um sie ja gefügig zu machen. Selbst Kaiser pilgerten nach Rom, um beim Papst Abbitte zu leisten.

In Sachen Beichte entwickelten die kirchlichen Moralstrategen einen ausgeklügelten Sündenkatalog, vom «unandächtigen Beten» über «unkeusche Gedanken» (in beiden Fällen kann man meist gar nichts dafür!) bis hin zu den tatsächlich «schweren Sünden» wie Mord, Betrug, Diebstahl. So kann z.B. ein Mörder, der beichtet, bereut und die Absolution erhält, wieder die Kommunion empfangen. Ein Geschiedener hingegen bleibt «offiziell» vom Kommunionempfang ausgeschlossen!!

Für die Priester gab es zu dem Sündenkatalog eine Art Handbuch. Da stand drin, welche Strafen für welches Vergehen vorgesehen sind. Da ja die ganze Beichterei bis weit in die Intimsphäre des Einzelnen hineinreichte, wurde das Beichten mehr und mehr zu einer peinlichen Angelegenheit – und zwar für beide Seiten – bis hin zur Farce, ja, bis ins Lächerliche.

Weil die Angst vor der Hölle und dem Zorn Gottes weit größer war als das Vertrauen in den großzügigen und barmherzigen Gott, standen die Gläubigen in der Karwoche Schlange vor dem Beichtstuhl, um sicher zu gehen, nicht in die Hölle zu kommen. Und dann wurde meist der größte Unsinn gebeichtet: alles Mögliche, bloß keine Sünden! Man ratterte den so genannten Sündenkatalog in rasantem Tempo herunter:

- am Freitag Fleisch gegessen..., 4x

- unandächtig gebetet…, 6x
- tägliche Gebete unterlassen…, 8x
- zornig gewesen…, 12x
- dem Nachbarn Böses gewünscht…, täglich
- die hl. Messe versäumt…, 2x
- gelogen…, weiß nicht wie oft…

Und wenn man dann aufs Sexuelle zu sprechen kam, wurde das Tempo noch gesteigert, die Stimme dafür noch leiser, so dass selbst ein geschultes Ohr nichts mehr verstanden hat. Man bekam dann seine fünf Vater Unser und drei Gegrüsset-seist-du-Maria verpasst, zack-zack…, nichts wie raus aus diesem Kasten…, tief ausgeschnauft…, der Nächste bitte!

Wen wundert es, dass diese Prozedur nicht mehr funktioniert!? Jahrhundertelang hat man damit Menschen schikaniert, bis irgendwann der Zeitpunkt kam, der kommen musste: Jetzt ist Schluss, das lassen wir uns nicht mehr gefallen! Und die Kirche machte jene Erfahrung, die sie in den ersten Jahrhunderten schon einmal gemacht hat – nur umgekehrt: die Unterdrückten wehren sich! Nur – diesmal gegen die Knute der Kirche! Die über viele Generationen hin angestaute Angst und Wut vieler Gläubiger gegen den Machtmissbrauch der Kirche entlud sich. Es kam zur Reformation, zur Säkularisation (Verweltlichung), bis hin zu den Massenaustritten aus der Kirche in unseren Tagen. Allmählich hat man erkannt – gezwungenermassen – welchen Unfug man «auch» mit der Beichte getrieben hat – zu spät! Kaum jemand nimmt sie noch ernst.

Ähnlich geht's der Kirche in anderen Bereichen (Beziehungsformen, Sexualität, Verhütung, Jugend u.a.m.). Wenn es dann zu «Reformationen», Abspaltungen oder zu einem Massenexodus aus der Kirche führt, regen sich die Kirchenoberen auf und sind betroffen, wollen aber nicht sehen, dass sie viele Menschen geradezu aus der Kirche hinaustreiben!

In ihren offiziellen «Lehr-Schreiben» und auch in vielen Kirchen wird so verkündet und gepredigt, dass sich durch diese «Lehre» die Kirchen «leeren» – weil eben an der konkreten Lebenssituation der meisten Menschen vorbei gelehrt wird.

9.   Müttertag

Aus dem Evangelium nach Markus (7,14ff):

Und Jesus sagte zu denen, die ihm zuhörten: Nichts, was von außen in den Menschen hineinkommt, kann ihn unrein machen, sondern was aus dem Menschen herauskommt, das macht ihn unrein. Denn von innen aus dem Herzen der Menschen kommen die bösen Gedanken und Taten.

Sieht man den Pfarrer mit einer Frau - womöglich des Öftern mit derselben – dann heißt es schnell: «Ob der wohl ein Verhältnis mit ihr hat?» Sieht man den Pfarrer mit einem Mann – womöglich des Öftern mit demselben – dann munkelt man: «Ob der Pfarrer schwul ist?»

Sieht man den Pfarrer – womöglich des Öftern – freundlich und liebevoll mit Kindern umgehen, kommt der Verdacht auf: «Der wird doch nicht ein potenzieller Kinderschänder sein?» Sieht man den Pfarrer allerdings weder mit der einen, noch mit dem andern, noch mit sonst jemanden – und dies womöglich des Öftern – dann, ja dann ist er zumindest ein «komischer Kauz» oder depressiv oder ein «armer Siech» (armer Kerl) oder sonst irgendetwas Eigenartiges!

Natürlich gibt es Pfarrer, die Kinder missbrauchen, genauso wie es Lehrer, Elektriker, Chemiker, usw. gibt. Und es gibt eine ganze Reihe von Vätern und «Onkeln», die sich an ihren eigenen Kindern vergreifen. Es ist heute bekannt, dass mindestens 30% der Frauen als Kind missbraucht wurden, und dies geschah hauptsächlich im Umfeld und Dunstkreis der eigenen Familie.

Was ist eigentlich schlecht daran, wenn ein Pfarrer – wie andere Menschen auch – eine Freundin oder einen Freund hat? Was ist daran schlecht?

Ob es wieder die Gedanken sind, mit denen man ihnen alles Mögliche und Unmögliche unterstellt? Wie auch immer eine solche Freundschaftsbeziehung sein mag, ist dies nicht eine Sache dieser beiden, die niemanden etwas angeht? Hat nicht jeder Mensch – ob Pfarrer oder nicht – ein Recht auf ein Privat- und Intimleben, welches zu respektieren ist? Wollen Sie nicht auch, wollen wir nicht alle, unseren Privat- und Intimbereich geschützt wissen? Geschwätz, Vermutungen, Gerüchte, Verdächtigungen, Verleumdungen… all das kommt «von innen – aus dem Herzen…» und vergiftet und zerstört nicht selten das Leben von Mitmenschen.

Aber wie kommen solch «böse Gedanken» in unser Herz?

Böse Gedanken sind – wie die guten auch – als eine Art Energie in der Welt. Es hat keinen Wert, darüber zu philosophieren, wo das Böse letztlich herkommt – das haben schon die gescheitesten Köpfe versucht. Die Antworten sind unterschiedlich. Tatsache ist, wir müssen uns mit dem Bösen herumschlagen, und es scheint wirklich in jedem Menschen etwas bis einiges davon vorhanden zu sein.

Den «bösen Gedanken» am schutzlosesten ausgeliefert sind die Kinder. Erst vor ein paar Tagen habe ich in den Nachrichten gesehen, wie eine palästinensische Lehrerin, infolge der Mohammed-Karrikaturen, die Kinder mit Hassparolen gegen die Ungläubigen, insbesondere gegen die Dänen auftreten ließ. Eine solche, seit vielen Jahren praktizierte «Hass-Erziehung» in einigen moslemischen Staaten zeigt ihre «Früchte». Aus den Kindern werden Jugendliche, nicht nur zu Gewalt bereite, sondern zur Gewalt willige Jugendliche. Schauen Sie sich die Bilder an! Fast nur Jugendliche, sogar Kinder, die Fahnen verbrennen, Steine werfen, Autos und Häuser anzünden. Sie werden von religiösen Fanatikern benutzt und missbraucht, zum Hass erzogen und viele zu Selbstmordattentätern ausgebildet.

In meinem Quartier in Basel begegnet mir öfters ein sehr alter Mann mit seinem Hund, der mindestens so alt ist wie sein Herr. Zweimal schon konnte ich beobachten, wie junge Kerle – vielleicht 13 oder 14 Jahre alt – die beiden Alten auslachten, nachahmten und mit dem Finger auf sie zeigten.

Die eine wie die andere Szene erschüttert mich. Ich denke an meine Mutter und vor allem an meine Großmutter und danke beiden für die «Herzensbildung», die sie mir mitgegeben haben. Ich erinnere mich, wenn ich versucht war, als Kind über Menschen zu lachen, die anders waren, die z.B. eine Behinderung hatten – und Kinder können bekanntlich sehr grausam sein – wie ruhig, aber eindringlich mich meine Oma aufgeklärt hat, dass Menschen für ihre Veranlagung, für ihr Aussehen, für ihre Behinderung nichts dafür können, und dass man selbst froh und dankbar sein kann, wenn man gesund ist und geliebt wird, wie man ist. Und mir fiel ein, dass ich auch schon wegen meiner Brille blöd angequatscht wurde.

Ich danke für all die guten Gedanken, die mir meine «Mütter», vor allem als Kind, zugedacht haben, und die mein Herz berührten.

Nicht nur unsere Taten, auch unsere Gedanken wirken weiter…

10. Stunde der Entscheidung

Gibt es sie, die alles entscheidende Stunde? Gibt es sie, die Stunde der Entscheidung?

Es mag wohl Entscheidungen geben, die mehr bzw. weniger entscheidend sind für unser Leben, doch wenn wir entscheiden sollen, welche Entscheidungen zu den mehr oder weniger entscheidenden gehören, könnten wir uns täuschen.

Vielleicht haben wir sogar wichtige Entscheidungen vergessen oder verdrängt?

Klar ist, dass es wohl kaum Entscheidungen ohne eine Reihe von Vor-Entscheidungen gibt. Und deshalb ist unser Leben hier so wichtig – ja, so entscheidend!

Ich habe schon einige sterbende Menschen erlebt und begleitet. Viele sind nicht «leicht» gestorben – und das liegt keineswegs nur an der Schwere der Krankheit! Denn es waren auch sehr schwer Kranke darunter, die leicht gestorben sind! Was vielen zu fehlen scheint, ist schlicht und einfach das JA zum Tod.

«Man» hängt an diesem Leben, und: erstaunlicherweise oft sogar unter widrigsten Umständen!

«Wer an seinem Leben hängt, verliert es», heisst es im Evangelium (Jo.12,25).

Nun könnte man natürlich sagen, auch jene verlieren es, die nicht daran hängen!

Doch da gibt es für mich einen feinen, vielleicht aber entscheidenden Unterschied: Wer nicht zumindest versucht - und zwar nicht erst in schwerer Krankheit oder mit 80 - den Tod in sein Leben zu integrieren und zu bejahen, dem droht der Tod ein Fremder zu bleiben, ein ausgegrenzter Gesell; einer, vor dem man sich fürchtet. Und das, obwohl er dazu gehört! Er gehört zu uns, er gehört zum Leben, er ist Teil unseres Weges. Wer so an seinem Leben «hängt», indem er dem Tod, den ihm zustehenden Platz nicht einräumen will, übersieht einen wesentlichen Teil der Wirklichkeit und «verliert» deshalb ein ganzes Stück Leben. Wer aber weiß, dass der Tod dazugehört, dass er zwar dieses Leben beendet, gleichzeitig mit ihm aber ein anderes Leben beginnt, lebt qualitativ anders – wohl auch angstfreier. Wer dies weiß, weiß auch, dass dieses Leben eine Vor-Entscheidung ist, u.a. für jene Entscheidung, die wir im Angesicht des Todes treffen.

Wenn der Todesengel - oder wer auch immer - Sie im Tod fragt: «Wo willst du denn hin?» – ist es sicher hilfreich, wenn Sie diese Frage nicht wie ein Blitz aus heiterem Himmel trifft, sondern Sie sich damit schon ein bisschen beschäftigt haben und Ihnen zumindest eine Ahnung zueigen ist, wohin Sie wollen!

Ein Bekannter hat die Frage beantwortet mit: «In den Himmel natürlich!» Woraufhin ihm wieder geantwortet wurde: «In welchen? Es gibt unzählige davon…»

Da wird ein Ufer
Zurückbleiben.
Oder das End eines
Feldwegs.
Noch über letzte Lichter hinaus
Wird es gehen.
Aufhalten darf uns
Niemand und nichts.
Da wird sein
Unser Mund voll Lachens
Die Seele
Reiseklar -
Das All
Nur eine schmale
Tür,
Angelweit, offen.

Heinz Piontek

IV. Mein Glaubensbekenntnis

Ich glaube an Gott, den Vater
und die Mutter allen Lebens,
Schöpfer des Himmels und der Erde,
Vollender allen Seins.

Und an Jesus Christus, Kind Gottes
und Bruder aller Menschen,
geboren von einer Frau,
gelitten an der Gewalt und dem Unverständnis
unter den Menschen,
den Tod auf sich genommen und überwunden,
eingegangen in die ewige Fülle des Lebens.
Von dort aus wirkt er in alle Welten aller Zeiten
mit dem Heiligen Geist seiner Liebe.

Ich glaube an diesen Geist der Liebe,
der in allem Seienden wohnt.
Ich glaube an die Verbundenheit aller Menschen
und an die Würde jedes Einzelnen.

Ich achte alles Lebendige,
in all seiner Vielfalt –
auch die Pflanzen und die Tiere.
Ich glaube an die Kostbarkeit unserer
Mutter Erde, mitsamt ihren Schätzen.

Ich glaube an die Freundlichkeit und
Barmherzigkeit Gottes,
welche den Sünder zur Umkehr bewegt
und ihm Versöhnung schenkt.

Ich glaube an Gott, als das Leben,
in dem sich aller Tod verwandelt
und neu belebt.

(F. Sabo)

V. Ausblick

Sofern es überhaupt eine ernst zu nehmende Chance gibt, dass sich zumindest in der röm.-kath. Kirche in der Schweiz etwas ändert in Richtung mehr Demokratie oder auch im Hinblick auf eine Öffnung der Zulassungsbedingungen für den Priesterberuf, dann *nur* durch Druck von «unten», sprich: vom Volk. Weder von Rom, noch von den Bischöfen sind Reformen zu erwarten – im Gegenteil, Opus Dei lässt grüssen! Leider ist auch von kirchlichen Gremien, wie z.B. den Pastoralkonferenzen, nichts zu erwarten. Sie beschränken sich vor allem auf Organisation, Diskussionen, Bittschriften und vielleicht hie und da mal auf ein verhaltenes «Protestchen». Damit laufen sie nicht Gefahr, ernsthaft mit der Kirchenobrigkeit in einen Konflikt zu geraten und damit ihre finanzielle Existenz zu gefährden (heutzutage eine durchaus verständliche Angst).

Wie stark die Macht einer absolutistisch strukturierten Religionsgemeinschaft, wie jener der röm.-kath. Kirche in der basisdemokratischen Schweiz ist, hat das Beispiel Kleinlützel gezeigt. Kirchenobrigkeit und Kirchenrat setzten sich permanent über eine demokratisch zustande gekommene Mehrheitsentscheidung der Gemeinde hinweg. Ob das auf Dauer das Volk so durchgehen lässt?

Dank

Mein Dank gilt natürlich in erster Linie den Röschenzern und den Kirchenräten Heidi Dreier, Silvia Cueni, Brigitte Karrer, Holger Wahl und Bernhard Cueni. Ohne sie wäre ich schon längst arbeitslos. Unsere Katechetin, Frau Brigitte Mayer, hat mit viel Engagement und Kompetenz mitgesorgt, dass vor allem die Kinder- und Jugendarbeit gedeiht. Mit ihren Wortgottesdiensten hat sie die Herzen vieler Menschen gewonnen.

Mein Dank gilt meinem «alten» Chef, Pfarrer Joseph Nietlispach, sowie meinen Mitbrüdern Hans Kunz, Kajo Gäs, Thomas Meli und Joseph Imbach, die als einzige unter den Priestern den Mut hatten, öffentlich zu mir, bzw. zu den Röschenzern zu stehen.

Ich danke aber auch den Medien, die «von wenigen Ausnahmen abgesehen» fair und wahrhaftig berichtet haben.

Ich danke meinem Verleger, Herrn Dominique Oppler, und seinen Mitarbeitern für ihre Begeisterung und ihre Schnelligkeit, das Buch fertig zu stellen.

Schliesslich gilt mein besonderer Dank Dr. Fritz Ganser, der mit Hingabe und Genauigkeit das Lektorat übernahm und das Vorwort schrieb.

Und ich danke all den himmlischen Kräften, die mir beistanden und beistehen, weil wohl auch sie mehr Ehrlichkeit und Menschlichkeit in der röm.-kath. Kirche wollen.